签字会计师繁忙度的
审计影响研究

The Research on the Audit Impact of
Auditor Busyness

潘 临／著

经济管理出版社
ECONOMY & MANAGEMENT PUBLISHING HOUSE

图书在版编目（CIP）数据

签字会计师繁忙度的审计影响研究/潘临著. —北京：经济管理出版社，2021.2
ISBN 978-7-5096-7794-0

Ⅰ.①签…　Ⅱ.①潘…　Ⅲ.①会计师—影响—审计质量—研究—中国　Ⅳ.①F239.2

中国版本图书馆 CIP 数据核字（2021）第 038467 号

组稿编辑：杨国强
责任编辑：杨国强　张瑞军
责任印制：黄章平
责任校对：赵天宇

出版发行：经济管理出版社
　　　　　（北京市海淀区北蜂窝 8 号中雅大厦 A 座 11 层　100038）
网　　　址：www. E-mp. com. cn
电　　　话：(010) 51915602
印　　　刷：北京晨旭印刷厂
经　　　销：新华书店
开　　　本：720mm×1000mm/16
印　　　张：13
字　　　数：204 千字
版　　　次：2021 年 3 月第 1 版　2021 年 3 月第 1 次印刷
书　　　号：ISBN 978-7-5096-7794-0
定　　　价：98.00 元

前　言

独立审计伴随着委托代理关系的产生而出现。委托代理关系的出现极大地提高了企业的运营效率，但同时不可避免地产生代理成本，这是经理人和股东利益目标函数不一致的结果。为了降低代理成本，一个非常重要的选择是寻找独立审计服务。独立审计又称注册会计师审计，是指在接受被审计单位的委托下，注册会计师依照《审计准则》的规定，对被审计单位的财务报表进行审计，对财务报表是否符合《会计准则》的要求发表审计意见的过程。注册会计师对被审计单位的财务报表进行审计能够显著提高会计信息质量，降低股东面临的信息不对称，强化股东对管理层的监督，进而缓解股东和管理层之间的代理问题。不仅如此，注册会计师审计能够降低外部利益相关者面临的信息风险，有效保护外部利益相关者的合法权益，从而提高资本市场的运行效率，维护资本市场的稳定性。因此，注册会计师审计是保证受托责任有效履行、保护资本市场参与者合法权益以及促进资本市场健康稳定发展的重要制度安排。

注册会计师审计是智力密集型的服务行业，签字会计师及其带领的团队是审计服务的实际执行者，他们的个人特征决定了最终审计质量的高低。最近几年的实证审计研究从会计师事务所总所（分所）过渡到签字会计师层面，并取得了丰硕的成果，研究大多表明：签字会计师的个体异质性会影响签字会计师的行为，进而影响审计质量。然而，综观现有文献，鲜有文献从签字会计师繁忙的角度展开研究。事实上，我国的签字会计师繁忙程度确实呈现出较大的差异，繁忙的签字会计师可以在一个年度同时审计 10 多家上市公司；反之，非繁忙的签字会计师在一个年度只审计 1 家上市公司。那么，在中国特有的制度环境和审计市场结构下，签字会计师的繁忙程度差异是否影响签字会计师的行为，进而最终影响审计结果呢？其作用的机理又是怎样的？这些问题都值得进一步的探索和研究。

鉴于研究签字会计师繁忙度与签字会计师行为具有重要意义，本书拟结合中国特殊的制度背景以及审计市场环境，从签字会计师层面切入，研究签字会计师繁忙度对审计质量、审计延迟以及审计收费的影响。首先，本书对国内外相关文献进行了全面而翔实的回顾，在总结前人研究成果的同时也为本书的研究奠定了基础，并结合理论分析签字会计师繁忙度对审计结果产生影响的作用机理。其次，借鉴前人文献，本书提出了适合我国资本市场和制度环境的实证检验模型。最后，本书以我国 2007~2015 年 A 股上市公司为样本，根据实证检验模型，分别检验签字会计师繁忙度与审计质量、签字会计师繁忙度与审计延迟以及签字会计师繁忙度与审计收费的关系，最终形成具体的研究结论和启示。

本书实证检验了签字会计师繁忙度与审计质量的关系。实证结果显示：①在其他条件相同的情形下，签字会计师繁忙度与审计质量呈显著的负相关关系，意味着签字会计师繁忙度越高，签字会计师对每个客户投入的审计时间预算越低，审计质量越低，即"压力效应"占主导作用。②进一步地，本书考察了签字会计师经验和审计任期的调节作用，本书发现签字会计师的审计经验、签字会计师的审计任期能够有效缓解签字会计师繁忙度对审计质量的消极作用，即在签字会计师的审计经验较为丰富、审计任期较长的组中，签字会计师繁忙度与审计质量的关系不显著；反之，签字会计师繁忙度与审计质量呈显著负相关关系，这个结论支持了"学习效应理论"。③事实上，签字会计师并非对所有客户"一视同仁"，本书研究发现，在大客户中，签字会计师繁忙度与审计质量关系不显著；而在小客户中，签字会计师繁忙度与审计质量呈显著负相关关系。这个结论说明，签字会计师在审计时间预算受限的情况下，倾向于优先保障大企业的审计时间和审计质量。④本书根据签字会计师角色差异区分了复核签字会计师和项目签字会计师，发现复核签字会计师繁忙度与审计质量显著负相关，而项目签字会计师繁忙度与审计质量关系不显著。主要原因是，复核签字会计师繁忙度显著高于项目签字会计师，从而加剧了"压力效应"。

本书实证检验了签字会计师繁忙度与审计延迟的关系。实证结果显示：①在其他条件相同的情形下，签字会计师繁忙度与审计延迟呈显著的负相关关系。

②根据客户规模，将样本区分为大客户和小客户，分别考察签字会计师繁忙度对审计延迟的影响，研究发现，在大客户中，签字会计师繁忙度与审计延迟的关系不显著；而在小客户中，签字会计师繁忙度与审计延迟呈显著的负相关关系。③根据签字会计师的客户重要性，将样本区分为重要客户和非重要客户，分别考察签字会计师繁忙度对审计延迟的影响，研究发现，在重要客户中，签字会计师繁忙度与审计延迟的关系不显著；在非重要客户中，签字会计师繁忙度与审计延迟呈显著的负相关关系，进一步印证第三章中的结论。④根据签字会计师角色差异区分了复核签字会计师和项目签字会计师，分别考察复核签字会计师繁忙度和项目签字会计师繁忙度与审计延迟的关系，发现只有复核签字会计师繁忙度与审计延迟呈现负相关关系，而项目签字会计师繁忙度与审计延迟的关系不显著。⑤在中介效应分析中，本书进一步论证了"签字会计师繁忙度上升—审计师投入下降—审计质量下降"的逻辑。

本书实证检验了签字会计师繁忙度与审计收费的关系。实证结果显示：①在其他条件相同的情形下，签字会计师繁忙度与审计收费呈显著正相关关系，意味着在审计市场存在信息不对称的情况下，签字会计师繁忙度的"声誉溢价"效应大于"繁忙减量"效应，对审计收费起到了主导作用。②根据事务所规模区分了"四大"和"非四大"后，发现签字会计师繁忙度与审计收费的正相关关系只存在于"非四大"中，在"四大"中二者的关系不显著。类似地，将样本区分为"十大"和"非十大"，发现签字会计师繁忙度与审计收费的正相关关系只存在于"十大"中，在"非十大"中二者的关系不显著。③根据签字会计师角色差异区分了复核签字会计师和项目签字会计师，发现复核签字会计师（合伙人）繁忙度与审计收费显著正相关，而项目签字会计师繁忙度与审计收费的关系不显著，主要原因是审计项目的谈判以及审计收费的磋商主要由合伙人负责。

本书研究意义主要体现在以下几个方面：第一，本书开展签字会计师层面的审计研究，中国作为少数披露签字会计师个人信息的国家，为签字会计师层面的实证审计研究创造了得天独厚的条件。此外，中国的法律制度环境、审计市场结构与美国等成熟市场存在较大差异，基于中国特殊的制度背景和审计市场结构研究签字会计师问题具有重要的理论意义和现实意义，本书对该领域的研究可以进一步提供新兴市场国家的经验证据，补充现有文献。第二，作为签字会计师的重要特征，签字会计师繁忙度的相关研究尚存不足，本书手工整理签字会计师的个人资料，系统地研究了签字会计师繁忙度对审计质量、审计延迟以及审计收费的影响，从而全面揭示了签字会计师繁忙度对签字会计师行为的影响机理，为后续的相关研究提供了一些有益的参考。第三，本书研究的内容和结论具有重要的政策参考价值，有助于会计师事务所和行业监管者理解签字会计师繁忙度对审计结果产生影响的机理，认识签字会计师繁忙度对签字会计师行为的影响，进而有助于各方针对具体问题制定相应的政策和措施，促进注册会计师行业健康发展。另外，本书结论对资本市场的投资者具有警示作用，提醒投资者关注签字会计师繁忙现象。

目 录

导　论

第一节　研究背景与意义

一、研究背景

自 1998 年挂靠单位与事务所进行脱钩改制以来，我国的注册会计师审计服务取得了令人瞩目的发展和进步。近年来，"本土事务所做大做强"以及"事务所转制"的重大改革更为我国本土事务所走向国际化奠定了基础。应该说，审计服务伴随着委托代理关系的产生而出现，作为独立的第三方，注册会计师通过对被审计单位的财务报表进行鉴证来监督和约束企业管理层，从而保障公司股东的利益。信息理论认为，经过审计的财务报表可靠性和真实性更高，并能向资本市场传递信号，缓解外部投资者面临的信息不对称情况。可见，注册会计师审计对于保障股东、债权人以及潜在投资者利益具有举足轻重的作用。

当然，从审计供给方的角度看，不同会计师事务所提供的审计质量存在较大的差异。影响审计质量的因素一直以来都是实务界和学术界关注的焦点。各国和地区的研究表明，事务所（分所）的特征与审计质量有关，如"四大"、具有"行业专长"的事务所（分所）提供的审计服务质量更高。虽然事务所（分所）内部建立的质量控制机制及培训机制有助于保障审计服务的一致性，但值得关注的是，审计服务实际上由签字会计师及其带领的审计团队负责，而签字会计师在人格、个性以及执业经历上的异质性会影响到签字会计师行为，进而影响到审计质量。因此，研究签字会计师个体异质性对审计质量的影响具有重要的理论意义和实际意义。近年来的文献也从事务所（分所）层面的研究转向签字会计师层面的研究，并取得了丰富的成果。DeAngelo（1981b）指出，审计质量是注册会计师发现并揭露重大错报的联合概率。也就是说，审计质量取决于注册会计师的专业胜任能力和独立性。现有文献大多基于这两方面考察签字会计师特征对审计质量的影响。

2001 年，我国证监会发布的《关于在上市公司独立董事制度的指导意见》中规定，独立董事原则上最多只能在 5 家上市公司兼任独立董事，从而确保独立董事有足够的时间和精力有效地履行独立董事的职责。而截至目前，还未有针对注册会计师的类似规定。众所周知，注册会计师审计是个高收入、高压力行业，注册会计师及其带领的团队需要频繁出差到外地执行审计任务，长时间的工作更是审计人员必须具备的基本能力之一。近年来，注册会计师行业的"过劳现象"受到了人们越来越多的关注。尤其是 2011 年，普华永道上海办事处的年轻审计员潘洁因工作压力过大导致"过劳死"①更是给整个注册会计师行业敲响了警钟。实务中，我国签字会计师的繁忙程度各异，繁忙的签字会计师往往承接十几家上市公司的年报审计项目，而其他签字会计师每年只承接 1 家上市公司的年报审计项目。在我国，上市公司的资产负债表日为统一的 12 月 31 日，且上市公司的年报披露时间不得超过次年 4 月底。这意味着，签字会计师普遍面临着严峻的时间期限压力和时间预算压力，且当年客户越多，这种时间预算压力越大。此外，我国的制度环境较为薄弱，签字会计师面临的法律诉讼风险较低，签字会计师的独立性较低，且我国审计市场集中度低，事务所之间低价竞争现象较为普遍。那么，自然而然的问题是，在我国特殊的制度环境以及审计市场结构下，签字会计师的繁忙程度是否会影响审计质量呢？遗憾的是，现有文献对该问题的关注度还不够，少有的几篇文章得出的研究结论也不一致。事实上，签字会计师的繁忙程

---

① "过劳死"最早出现在 20 世纪七八十年代日本经济繁荣时期，被用来描述员工工作时间过长引致的身体恶性疾病，救治无效导致的死亡。近年来，知名企业华为技术有限公司、富士康科技集团皆出现了员工"过劳死"，引起了社会舆论的广泛关注。

度会影响到签字会计师的审计工作安排和执行，进而对审计质量、审计延迟等一系列结果产生影响。因此，研究该话题具有重要的理论意义和实际意义。

二、研究意义

（一）理论意义

鉴于研究签字会计师个体异质性的重要性，本书拟基于我国特殊的制度背景和资本市场环境，考察签字会计师繁忙程度对审计结果的影响。本书的理论意义主要包括四个方面。

第一，通过对文献的梳理可以看出，目前注册会计师审计的研究趋势已经从事务所（分所）层面过渡到签字会计师层面的研究。DeFond 和 Francis（2005）、DeFond 和 Zhang（2014）强调现阶段基于签字会计师层面研究审计问题具有重要理论意义，本书响应学术界的号召，继续开展签字会计师层面的审计问题研究。

第二，现有文献主要采用实验研究法和问卷调查法研究时间压力对注册会计师行为和审计结果的影响，少有采用实证研究法考察签字会计师繁忙度对审计质量的影响，且这些文献基于不同国家和地区的制度背景，研究得出的结论也不相同。具体地，在不同制度背景下，签字会计师繁忙既可能表现为工作压力和职业倦怠，继而导致审计质量下降；也可能表现为较高的审计经验和审计行业专长，从而提高审计质量。究竟哪种效应起主导作用是一个经验问题，本书对该问题的进一步研究能够补充现有文献。

第三，审计延迟和审计收费也是审计结果的重要因素。审计延迟反映了签字会计师付出的努力程度大小，在其他条件相同的情形下，签字会计师付出的努力程度越大，审计质量越高。但目前未有文献研究签字会计师繁忙度对审计延迟的影响，本书对该问题的研究可以进一步揭示签字会计师繁忙度对审计工作质量产生影响的作用机理。而审计收费受到单位计费率和预算工作量的影响，签字会计师繁忙度越高，往往意味着签字会计师的声誉越高，因而单位计费率越高，但签字会计师繁忙度上升又会导致预算工作量下降，因此签字会计师繁忙度与审计收费的关系有待进一步实证研究。本书对这些问题的研究可以进一步丰富签字会计师繁忙领域的文献。

第四，我国有关工作压力的研究起步较晚（20世纪80年代后期），只有几十年的历史，与国外相比我国这方面的研究尚存不足，实践中的许多问题需要中国情境下的研究成果的指引。工作压力领域的研究主要采用问卷调查法和实验研究法，缺乏大样本的实证分析，本书则聚焦在工作压力较大的注册会计师行业，研究结果支持了工作压力对工作绩效的消极影响，进一步丰富了工作压力领域的文献。

（二）现实意义

第一，为我国监管部门实施监管和制定政策提供一些参考。证监会规定上市公司需要在4月30日前披露前一年度的年度报告和审计报告，而企业的资产负债表日为12月31日，这意味着大量的审计工作任务都集中在年初的三四个月时间内，因而签字会计师繁忙在我国是个普遍现象。在有限的年审时间内，同时参与多个审计项目意味着签字会计师投入每个项目的时间和精力减少，而事务所采取的控制措施包括：招聘大量的在校实习生、长期的熬夜加班、采取耗时较少但更无效的审计程序，或者被迫"提前签字"。这些控制措施究竟能多大程度缓解签字会计师过度繁忙对审计结果的不利影响尚存疑问。本书的研究结论支持了签字会计师过度繁忙会导致审计质量降低，审计投入降低。因此，监管部门有必要加强对繁忙签字会计师的监督力度，防范审计风险；同时，监管部门应该考虑如何有效降低签字会计师过度繁忙，如对签字会计师每年承接客户的数量设置上限等。

第二，促进注册会计师行业健康发展。加入世界贸易组织（WTO）的近20年里，中国的经济经历了"大发展，大跨越"，取得的成绩令世人瞩目。伴随着经济的快速增长，扮演着资本市场"经济警察"的注册会计师显得越来越重要，注册会计师作为独立的第三方，通过对财务会计等信息进行鉴证，能够有效降低信息使用者面临的信息不对称，提高资本市场的运作效率。但不可否认的是，与欧美发达国家相比，我国的法律制度较为薄弱，签字会计师面临的法律诉讼风险较低，审计师的独立性较低。因此，若签字会计师过度繁忙而导致必要的审计时间无法满足时，更可能出现"放飞机"现象，[①]从而威胁到审计质量。因此，本书的研究可以为会计师事务所加强质量控制提供一些参考，如会计师事务所可以对合伙人（复核签字会计师）每年签字数量设置上限等，进而保障签字会计师有充足的时间参与审计业务，保证高质量的审计服务。

第三，保护广大中小投资者的利益。与内部人（大股东和管理层）相比，外部的广大中小投资者获取上市公司信息主要通过公开披露的信息，他们面临的信息不对称程度较大，而独立审计被认为是缓解信息不对称，降低代理成本的有效途径。广大中小投资者往往利用经过审计的财务报表做出投资决策，也就是说，中小投资者的利益与审计质量高低息息相关。本书研究发现，繁忙的签字会计师会降低审计投入，导致审计质量下降。因此，中小投资者应该关注上市公司所聘请的签字会计师是否存在过度繁忙的情况，若是，则中小投资者应该保持一定的警惕性。

第二节　研究目标与内容

一、研究目标

本书基于签字会计师个人层面，对签字会计师繁忙度话题进行系统研究，预期可以达到两个主要的研究目标。

第一，本书基于中国特殊的制度背景和资本市场环境，聚焦我国签字会计师繁忙的现象，系统分析签字会计师繁忙度影响审计结果的机理，并探索造成签字会计师繁忙程度差异的因素，以期能够进一步丰富签字会计师个体层面的审计研

---

① "放飞机"一词，是流传于社会审计行业中一种违规行为的俗称，规范的解释是"审计人员在没有实际完成所需工作的情况下诡称已执行某些审计程序"。造成"放飞机"现象的原因有很多，而客观上讲，这现象很大因素出于审计成本节约的考虑，当审计员面对时间紧、任务重，审计资源极度缺乏却又很难获得的时候，很可能会选择"放飞机"这一省时省力的行为。

究。另外，本书从签字会计师的角度研究工作压力对工作绩效的影响，拓展了工作压力经济后果的研究。

第二，本书的研究成果预期可以为注册会计师行业监管提供必要的帮助，并为政策制定者提供一些有益的借鉴和参考。本书的研究成果有助于会计师事务所识别签字会计师繁忙带来的消极影响，为会计师事务制定相应的质量控制制度提供经验证据，促进注册会计师行业健康发展。当然，本书的研究结论还能帮助投资者识别和规避上市公司可能存在的信息风险，起到保护中小投资者的作用。

二、研究内容

本书研究内容主要围绕签字会计师繁忙度对审计结果的影响展开。签字会计师繁忙度对审计结果的影响主要包括签字会计师繁忙度对审计质量、审计延迟以及审计收费的影响。

首先，本书对国内外关于签字会计师的研究进行了全面梳理。近几年，国内外关于注册会计师的审计研究已经从会计师事务所总所（分所）层面转向签字会计师个人层面，并取得了诸多重要的研究成果。本书主要从签字会计师背景特征与审计质量、签字会计师任期（轮换）与审计质量、签字会计师专长与审计质量、签字会计师经验与审计质量、签字会计师客户重要性与审计质量及签字会计师低质量审计的传染效应等方面对现有文献进行回顾。国内外学者基于不同国家和地区的制度背景，对签字会计师审计问题的深入研究和探索为本书的研究提供了文献支持和有益参考。但是，目前关于签字会计师繁忙度的细分主题研究尚不多见，且尚未有文献对该主题进行系统研究，研究深度和研究广度有待进一步拓展。

其次，本书选取签字会计师繁忙度的细分主题进行研究。根据"高层梯队理论""压力理论""声誉理论"以及"学习效应理论"等，分析了签字会计师繁忙度对审计质量、审计延迟、审计收费的影响。然后，借鉴前人研究成果，对签字会计师繁忙度等主要变量进行量化，构建多元线性回归模型，利用大样本进行实证研究和分析，得到本书实证研究的主要结论。

最后，根据本书得出的主要结论，从监管者、注册会计师行业以及资本市场投资者的角度出发，为完善我国资本市场法律法规、促进注册会计师行业健康发展、加强会计师事务所风险控制以及保护投资者利益，提出了一些有益的意见和建议。

第三节　研究思路和方法

一、研究思路

本书在全面回顾国内外相关文献的基础上，理论分析签字会计师繁忙度对签字会计师行为、审计结果的影响，提出相关研究假设，基于我国特殊的法律制度背景及资本市场环境，构建多元线性回归模型，对有关假设进行检验，根据实证研究得到的结果，提出了对应的政策和建议。研究思路如图 0-1 所示。

二、研究方法

本书运用的研究方法包括文献研究法、演绎推理法及实证研究法。

第一，文献研究法。文献研究法是指收集、整理和分析前人已有的有关文献资料，从中获取有价值的信息过程。本书通过对国内外有关签字会计师的文献进行全面回顾，总结现有文献的研究内容，借鉴现有文献的研究方法和思路，挖掘现有文献存在的不足之处和可能拓展的方面，从而为本书的研究奠定坚实的基础。

第二，演绎推理法。演绎推理法，就是从一般性的前提出发，通过理论推导得出具体陈述或个别结论的过程。本书从"高层梯队理论""声誉理论""压力理论""均衡理论"以及"学习效应理论"出发，理论分析签字会计师繁忙度对审计质量、审计延迟以及审计收费产生影响的作用路径，进而提出本书的假设。

第三，实证研究法。实证研究法是指通过构建一定的数学模型对经验数据进行分析，并验证假设的过程。本书以中国上市公司为研究样本，通过构建多元线

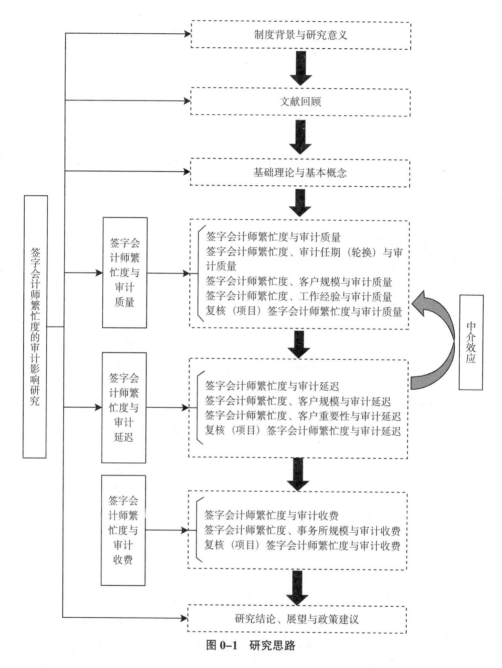

图 0-1　研究思路

性回归模型，科学地选择解释变量、被解释变量和控制变量，分别检验签字会计师繁忙度对审计质量、审计延迟以及审计收费的影响。具体采用的方法包括描述性统计、相关性系数分析、单变量分析以及多元线性回归等。当然，为了保证本书研究结论的稳健性，本书还进行了如"公司层面聚类处理""公司和年度双重聚类处理""替换变量""增加其他控制变量""倾向匹配得分法（PSM）""工具变量法（IV）""正交法（Orthogonalize）"等稳健性测试。

第四节 研究创新和不足

一、研究创新

本书的研究创新点主要体现在研究视角、研究数据以及研究内容上。

第一，研究视角。以往注册会计师审计研究主要集中在总所和分所层面，最近几年，注册会计师审计研究的重点已经转向签字会计师个人层面以及两名签字会计师构成的团队层面。签字会计师在人格、个性以及执业经历上的异质性会影响到签字会计师行为，进而影响到审计结果。因此，研究签字会计师个体异质性对签字会计师行为和审计结果的影响具有重要的理论意义和实际意义。本书继续开展签字会计师层面的审计研究，预期可以丰富现有文献。另外，在繁忙的工作中，人的注意力不可避免地被分散，进而对人的决策产生负面影响，这已经在药剂师、护士、大学老师、银行从业人员、超市收银员等相关职业中得到证据支持。本书聚焦签字会计师这一特殊群体，研究工作繁忙程度对工作绩效的影响，可以进一步丰富工作压力经济后果的文献。

第二，研究数据。国内文献中关于签字会计师同一主题的研究存在结论不一致的情况，这主要是签字会计师相关数据存在偏误导致的。首先，不同文献中签字会计师特征数据（性别、年龄及学历等）存在一定的偏差，虽然签字会计师特征数据大部分可以从中注协网站获取，但仍然存在一些遗失数据，这些数据需要通过互联网或者查找年报去手工整理收集，导致不同文献中签字会计师特征数据的完整性存在差异。其次，国泰安数据库（CSMAR）中签字会计师的名称存在遗失和错误，需要根据年度报告、审计报告等披露的信息进行修正。另外，审计报告由两名签字会计师（少数情况下存在三名签字会计师）签字并盖章，其中一名签字会计师为合伙人，主要负责审计工作底稿的复核，另外一名签字会计师负责外勤审计工作，计划和实施具体的审计工作。因此，两名签字会计师发挥的作用可能存在差异。但是，国泰安数据库（CSMAR）中签字会计师的资料存在顺序前后颠倒的情况，若是根据前后顺序区分签字会计师角色，则可能导致研究结论存在一定问题。本书手工查找上市公司披露的年度报告和审计报告对部分错误和缺失的信息进行更正和补漏，更正和补漏的内容包括：签字会计师姓名遗失、复核签字会计师和项目签字会计师姓名前后顺序颠倒以及签字会计师姓名错误。对于缺失的个人特征，本书通过台湾经济新报数据库（TEJ）以及互联网进行手工补充查找得到。本书对签字会计师相关数据的补充和修正，可以尽可能保留更多样本，避免剔除缺失值导致样本过多丢失，缓解样本自选择问题，并使得相关数据更加准确，基于此研究得出的结论更加可靠。

第三，研究内容。近年来，基于签字会计师层面的实证审计研究逐渐增多，而关注签字会计师繁忙度主题的研究还很少见，少有的几篇文献研究了签字会计师繁忙、工作压力对审计质量的影响，但得出的研究结论并不一致。而本书基于中国特殊的制度背景和审计市场结构，运用多个理论系统分析签字会计师繁忙度对审计质量的影响，并进行实证检验，本书得出的研究结论可以进一步提供新兴市场的经验证据。之前文献研究签字会计师繁忙度、工作压力与审计质量的关系建立在"签字会计师对客户一视同仁"的基础上，然而事实上并非如此。在实务工作中，签字会计师会根据客户的不同特征投入不同的审计时间和精力，并保持不一致的职业谨慎。通常而言，签字会计师往往会优先保障大客户的审计时间，并优先审计大客户，这不仅仅是大客户"高议价能力"的表现，也体现了签字会计师整体风险控制的意识。此外，客户的审计风险水平也可能影响签字会计师对审计时间和精力的分配，继而影响审计质量。本书基于"客户特征影响签字会计师资源分配"的假设，进一步研究签字会计师繁忙度对审计质量的影响，即考察客户特征对签字会计师繁忙度与审计质量之间关系的调节效应，丰富了该主题的研究。目前还未有文献研究签字会计师繁忙度对审计延迟的影响，而本书对该问题的研究可以使我们更加全面地理解签字会计师繁忙度对签字会计师行为、审计质量的影响。另外，目前鲜有文献研究签字会计师繁忙度或者签字会计师客户组合特征对审计收费的影响，本书对该问题的研究可以丰富相关领域的文献。本书的研究结论也可为监管者、会计师事务所以及资本市场中的投资者提供一些有益的借鉴和参考。

二、研究不足

限于篇幅和个人能力，本书尚存一些不足之处，主要包括三个方面。

第一，客观上讲，本书主要变量的替代指标并非尽善尽美，如本书借鉴前人文献，使用签字会计师当年审计客户的数量和总资产来衡量签字会计师繁忙度，可能并非十分准确。若能辅以对会计师事务所的签字会计师进行问卷调查或者访谈，则得到的签字会计师繁忙情况会更加准确。不仅如此，由于相关数据无法获得，本书计算的签字会计师繁忙度只考虑了签字会计师的上市客户，而未考虑未上市的客户，因此本书计算的签字会计师繁忙度很可能是低估的。

第二，本书借鉴前人文献，将审计报告中位于上方的签字会计师确认为复核签字会计师，位于下方的签字会计师确认为项目签字会计师。但实际上情况并非总是如此。根据目前公开披露的信息，要准确无误地区分和识别审计报告中两名签字会计师的具体角色难度很大。若能通过其他渠道取得有关信息，则对进一步深入开展签字会计师角色差异的实证研究大有裨益。

第三，笔者尽可能地通过手工收集资料来补充签字会计师个人特征的缺失值，但仍然存在一些签字会计师的特征数据无法获取，本书在实证过程中将其剔除，但这会不可避免地导致样本选择偏误问题。

此外，值得注意的是，在我国，上市公司披露年度报告及审计报告需要先向上海证券交易所（以下简称上交所）和深圳证券交易所（以下简称深交所）预约时间，上交所和深交所会根据信息披露均衡原则确认上市公司年度报告和审计报告的预约披露时间，因此上市公司的审计延迟还受到交易所的影响。由于该因素纳入模型较为困难，因此目前文献都未考虑该因素，本书也未进一步深入研究。当然，尽管笔者倾尽所能，本书仍存在其他不足之处，这些问题有待未来进一步探索和完善。

第一章　文献综述

目前，可以从公开途径获得签字注册会计师个人资料的国家或者地区包括澳大利亚、中国、中国台湾以及瑞典等，现有的大部分文献是基于这些国家或者地区的数据研究签字会计师个人层面的审计话题。由于各国和各地区的法律制度环境和审计市场结构存在较大差异，基于不同国家和地区的数据进行实证研究，得出的结论往往存在一定差异。本章主要从八个方面对国内外签字会计师层面的审计研究进行回顾。

第一节　签字会计师异质性与审计质量

一、签字会计师背景特征与审计质量

签字会计师个人背景特征主要包括性别、年龄、学历、专业、政治面貌以及职位等。现有文献对签字会计师背景特征与审计质量的关系进行了研究，但得出的结论并不一致。原因有三个方面：第一，审计质量的替代指标较多，而不同文献采用的替代指标不同，包括操纵性应计、非标准审计意见、审计报告激进度、持续经营不确定性审计意见、财务重述以及会计稳健性等；第二，样本选取的时间范围各异；第三，签字会计师个人特征资料存在一定的偏差，虽然签字会计师个人特征的大部分数据可以从中注协网站收集，但仍然存在一些遗失数据，这些数据需要通过互联网或者查找年报去手工整理收集，这导致不同文献中签字会计

师个人特征数据的完整性存在差异，所以研究得到的结果也必然不同。值得注意的是，相比于国外，中注协对签字会计师背景特征的信息披露更加全面和完善，这给学者们研究中国特殊制度背景下的签字会计师审计问题提供了契机。

Ittonen 等（2013）以纳斯达克上市的芬兰和瑞典公司为样本，研究女性签字会计师与盈余质量的关系，研究发现，相比于男性签字会计师，女性签字会计师审计的上市公司盈余质量更高，将盈余管理区分为正向盈余管理和负向盈余管理后，发现女性签字会计师不仅能显著抑制正向盈余管理，也能显著降低负向盈余管理。Sundgren 和 Svanström（2014）基于瑞典的上市公司，研究签字会计师年龄对审计质量的影响，得出签字会计师年龄与审计质量负相关的结论，支持了在职业生涯后期签字会计师虽然具有丰富的经验和能力，但其更不愿意付出时间和精力去参与审计工作，导致工作绩效下降。Gul 等（2013）以中国上市公司为样本，以审计报告激进度、应计盈余管理、是否报告微利以及线下科目的金额占比来衡量审计质量，证明了签字会计师的背景特征与审计质量有关。

叶琼燕和于忠泊（2011）利用我国 1991 年以来的上市公司样本，研究发现，签字会计师性别、专业、年龄、经验、学习能力以及岗位等个人特征会显著影响财务报表的操控性应计。具体地，与其他签字会计师相比，男性、会计和审计相关专业、年龄较大、经验丰富以及职位较高的签字会计师能够提供更高质量的审计服务。施丹和程坚（2011）以中国上市公司为样本，基于签字会计师个体层面，研究性别以及性别组合对审计质量和审计费用的影响，研究表明，相比于男性签字会计师，在女性组签字会计师审计的公司中，负向操纵性应计利润显著更低，而性别组成与审计质量并无显著关系，且相比于"男男组合""女女组合"及"男女组合"的审计费用显著更高。张兆国等（2014）基于高阶梯队理论，以我国 2008~2012 年沪深 A 股上市公司为研究对象，研究签字会计师背景对审计质量（审计报告激进度）的影响。研究发现，年龄、学历和任期与审计质量正相关；相比于女性签字会计师，男性签字会计师提供的审计服务质量更高；合伙人担任签字注册会计师参与的审计项目的审计质量更低；教育背景对审计质量的影响不显著。丁利等（2012）以 2010 年的截面数据，研究签字会计师个人特征（性别、年龄、学历、专业、层阶和政治面貌）对审计质量的影响，研究发现，若以操纵性应计的绝对值来衡量审计质量，仅与年龄和审计质量有关系，具体表现为年龄越大，审计质量越高。进一步将操纵性应计根据符号区分为两组后，发现年龄与审计质量的正相关关系主要存在于操纵性应计为负的组中。另外，在操纵性应计为负的组内，两位签字会计师均为女性或两位签字会计师所学专业为财、会、审时，审计质量越高，而当两位签字会计师均为合伙人时，审计质量较低。在操纵性应计为正的组中，签字会计师背景特征与审计质量的关系都不显著。郭春林（2014）以我国"五大"审计的上市公司为样本，研究发现，相比于男性签字会计师，女性签字会计师提供的审计质量更高；经验丰富的签字会计师提供的审计质量较经验欠缺的签字会计师更高；签字会计师的职位和学历与审计质量无显著关系；进一步研究发现，在"四大"中签字会计师个人特征对审计质量影响较小。闫焕民（2015）发现，签字会计师的学历、所学专业和财务的贴近度与审计质量显著正相关，而性别、年龄对审计质量无显著影响。进一步区分了客户盈余管理方向后，发现签字会计师的学历、所学专业和财务的贴近度对审计质量的促进作用只存在于向上盈余管理的组中，在向下盈余管理的组中，这种关系不显著。

二、签字会计师行业专长与审计质量

签字会计师在提供审计服务过程中，不断积累的经验和行业专长对审计质量有重要影响。在提供审计服务的过程中，签字会计师要熟悉客户的内部控制信息系统，了解特定行业的会计法规和经济事项，关注客户的所有权结构和代理问题。也就是说，签字会计师在提供审计服务的过程中不断地积累特定行业的知识和经验，并形成自身的审计行业专长，这些专有知识有助于签字会计师在日后审计工作中发现错报和漏报，更好地发挥审计师"看门狗"的角色。然而，这些与实践经验相关的审计专长并不能直接在事务所内部的不同签字会计师之间传递，这些审计专长的形成需要不断地实践和反馈，通过一般性的培训和说明难以产生这些经验和知识（Bonner and Walker, 1994）。Chow 等（2008）、Goodwin 和 Wu（2016）指出，签字会计师在职业生涯中积累的审计行业专长和经验在所内传播难度较大且成本较高。因此，同一个事务所内部的签字会计师往往具备不同的行业专长水平，他们提供的审计质量自然也存在差异。

较早的文献采用实验研究法研究签字会计师的行业专长效应。如对具有行业经验的签字会计师而言，在审计他们所擅长的行业客户中能表现出更高的审计质量（Owhoso et al., 2002; Bedard and Biggs, 1991; Wright and Wright, 1997）。

近年来，一些文献运用实证研究法对签字会计师专长与审计质量的关系进行了研究，得出的结论并不完全一致。Chin 和 Chi（2009）考察签字会计师行业专长、事务所行业专长与财务重述的关系，得出结论：签字会计师行业专长可以降低财务重述发生的概率，而事务所行业专长与财务重述关系不显著。结果表明，签字会计师行业专长对审计质量的影响起主导作用。Chi 和 Chin（2011）使用操纵性应计和审计意见来代替审计质量，得到了相似的结论。另外，Chi 和 Chin（2011）发现，签字会计师行业专长效应主要表现在主任会计师（Lead Partner）中，而在合作签字会计师（Concurring Partner）中不显著。Bell 等（2015）使用"四大"内部评估的审计质量，研究发现签字会计师行业专长可以提高审计质量。原红旗和韩维芳（2012）基于我国 2002~2009 年的上市公司数据，以操纵性应计水平和正负向操纵性应计水平衡量审计质量，以截至样本年度签字会计师审计同行业公司的数量衡量签字会计师的行业专长，考察签字会计师行业专长与审计质量之间的关系，得出结论：项目签字会计师的行业专长与审计质量显著正相关，而复核签字会计师的行业专长并不会显著提高审计质量。闫焕民（2016）得出了类似的结果。而 Aobdia 等（2016）以美国"四大"的客户为样本，得出的结论并不支持签字会计师个人的行业专长可以提高审计质量。另外，Zerni（2012）以瑞典上市公司为样本，研究发现，签字会计师行业专长与审计收费正相关，即客户能够感知签字会计师具有行业专长能够提高会计信息质量，从而愿意支付一定的溢价。

三、签字会计师经验与审计质量

"干中学"理论认为增加工作经验可以降低工作成本，并提高工作绩效（Arrow, 1962; Anzai and Simon, 1979）。近几年，签字会计师经验与审计质量之间关系的研究成为热点，研究结论大体都支持了签字会计师的经验与审计质量正相关。研究表明，签字会计师的工作绩效和过去的审计经验息息相关，工作经验有助于提高签字会计师发现错报和漏报的能力（Tubbs，1992；Hammersley，2006）。Kaplan 等（2008）检验了经验是否能够显著影响签字会计师依赖管理层提供的信息，他们发现，有经验的签字会计师更能抵制管理层的劝说企图。Shelton（1999）研究发现，审计经验可以减少无关信息对审计判断的影响。

原红旗和韩维芳（2012）以我国 2002~2009 年的上市公司为样本，根据角色差异将签字会计师区分为复核签字会计师和项目签字会计师，检验结果显示：项目签字会计师经验可以显著提高审计质量，而复核签字会计师经验与审计质量的关系不显著。类似地，闫焕民（2016）研究得出结论：签字会计师个人的执业经验有助于提高审计质量，这一效果体现在"行业经验"。进一步研究发现，在非"十大"以及新承接的客户中，"执业经验效应"发挥的作用更强。

王晓珂等（2016）以中国 1998~2009 年的上市公司为样本，研究发现：①签字会计师个人经验与审计质量呈显著正相关关系，且这种关系主要体现在操纵性应计为正的组内，而在操纵性应计为负的组内不显著；②签字会计师个人经验与投资者感知的审计质量显著正相关；③相较于客户重要性低的组，签字会计师个人经验与审计质量的正相关关系在客户重要性较高的组中更加明显；④相较于非国有企业组，签字会计师个人经验与审计质量的正相关关系在国有企业组更加明显。

张健和魏春燕（2016）以我国上市公司为研究对象，研究事务所转制对签字会计师执业经验与审计质量关系的调节作用，发现事务所转制强化了审计经验对审计质量的正向作用。具体地，在事务所转制前，签字会计师经验与审计质量没有显著关系；而事务所转制后，签字会计师经验与审计质量显著正相关。

韩维芳（2017）以 2002~2012 年 A 股上市公司为样本，研究签字会计师个人经验对高风险客户出具非标准审计意见的影响，研究表明：①签字会计师个人经验越丰富，签字会计师越可能对高风险客户出具非标审计意见，且这种效果主要体现在项目签字会计师上；②进一步区分了"大所"和"小所"，发现项目签字会计师执业经验对审计质量的作用主要体现在"小所"中；③将签字会计师经验区分为审计其他公司的经验和当前公司的经验，发现审计当前公司的经验有助于提高审计质量，而审计其他公司的经验则没有显著提高审计质量。

Cahan 和 Sun（2015）基于中国特殊的制度背景，研究签字会计师经验对审计收费和审计质量的影响，得出签字会计师经验与审计收费、审计质量存在正相关关系的研究结论。Cahan 和 Sun（2015）指出，虽然签字会计师经验越丰富，越有助于提高审计效率、降低审计成本，但会计师事务所并不会将成本节约纳入审计定价的考虑中，签字会计师经验与审计收费的正相关关系主要是因为客户相信经验丰富的签字会计师可以提供更高质量的审计服务。Chi 等（2017）利用中国台湾的数据，以 DAI 作为真实的审计质量，以 ERC 和利息利差作为投资者感知的审计质量，研究发现：在合约的前几年，签字会计师审计其他客户的经验越丰富，当期的审计质量越高，但签字会计师审计现客户超过 5 年后，审计其他公司积累的经验对当期审计质量的作用弱化。结果表明，签字会计师审计其他客户的经验与审计任期对审计质量的作用存在替代关系。

四、签字会计师轮换、任期与审计质量

目前，要求轮换签字会计师的国家和地区包括：中国、中国台湾、美国、澳大利亚、阿根廷、丹麦、法国、德国、中国香港、墨西哥、比利时、荷兰、挪威、俄罗斯以及英国等。尽管不少国家和地区都要求轮换签字会计师，但却只有少数国家和地区公开披露签字会计师个人信息。美国早在 20 世纪 70 年代就开始执行签字会计师轮换制度，而 SOX 法案的颁布使得美国签字会计师最长连续审计时间从 7 年缩短为 5 年，随后多个国家和地区都跟随这一制度改革，缩短签字会计师对同一客户的最长审计年数，这引发了实务界和学术界的广泛议论。事务所合伙人普遍担忧新的签字会计师轮换政策会增加审计成本，导致审计质量下降。而政策制定者则认为，新政可以避免客户与审计师关系过于密切，有助于保持审计师的客观性和独立性，从而提高审计质量。近年来，国内外学者们对签字会计师轮换、任期与审计质量的关系进行了诸多有价值的研究，但得出的结论并不一致。

现有文献中基于美国的经验证据较为稀少。Daugherty 等（2012）采用访谈的方式，了解合伙人对强制轮换签字会计师制度以及冷冻期的看法。结果显示：

①强制轮换签字会计师提高了签字会计师的负担；②签字会计师轮换降低了客户层面的审计专长，签字会计师对于新客户需要一段时间的熟悉（2~3年），因此新任签字会计师在前几年审计效率较低，审计成本较高；③还有部分合伙人认为签字会计师对新客户审计3年以上才能达到熟悉的程度；④还有合伙人认为，即使审计的新客户同属于一个行业，依然难以保证初期的审计质量，这是因为同行业的不同公司在信息技术、财务报告过程、员工、公司治理等方面存在重要差异。

Manry等（2008）研究发现：①合伙人任期与审计质量（操纵性应计利润）正相关；②区分了客户规模后发现，二者之间的关系只存在于小规模客户且任期大于7年的情况，而在小规模客户且任期较短的客户中，二者之间的关系不显著；在大规模客户中，二者之间的关系也不显著。

Litt等（2014）研究发现，与轮换年度之前的两年相比，新任签字会计师审计的前两年，公司的财务报告质量更低。进一步研究发现，这种效应在客户规模较大的情况下更加显著。原因主要是：轮换当年签字会计师对客户不熟悉，对客户的重大错报风险点把握不到位，审计效率低，此时签字会计师需要付出的时间和精力更多，不能保证审计质量，而大客户通常业务交易量更大、内部控制体系更复杂，此时由于不熟悉客户导致的审计质量下滑会更加明显。另外，在"小所"中，签字会计师轮换导致的审计质量下降更加显著；在"缺乏审计行业专长"的签字会计师审计的公司中，签字会计师轮换导致的审计质量下降更加显著。

中国台湾的经验证据表明签字会计师轮换并未显著提高审计质量，而审计任期与审计质量正相关。如Chi和Huang（2005）以盈余管理替代审计质量，研究签字会计师任期与审计质量的关系。结果表明，在审计任期小于5年时，审计任期与审计质量显著正相关；而当审计任期超过5年时，审计质量与审计任期显著负相关。Chi等（2009）检验强制签字会计师轮换对审计质量的影响，研究发现签字会计师的强制轮换并没有显著提高审计质量。Chen等（2008）研究发现，审计任期与审计质量（操纵性应计）正相关。

基于澳大利亚制度背景，学者们研究签字会计师轮换、任期与审计质量的关系，发现签字会计师轮换提高了审计质量。如 Hamilton 等（2005）检验签字会计师变更与审计质量之间的关系，结果表明"五大"的客户发生签字注册会计师轮换后操纵性应计水平下降，即审计质量上升，且在强制轮换的背景下，这种效果更显著。同样，他们发现"非五大"的客户发生签字会计师轮换后操纵性应计水平也显著下降。Carey 和 Simnett（2006）以澳大利亚上市公司为样本，研究了签字会计师任期与审计质量的关系。研究发现：在任期较长的样本中，签字会计师对困境公司出具持续经营不确定性审计意见（GC）的可能性较低，同时更可能允许客户的盈余管理行为，即签字会计师任期过长会导致审计质量下降。

在我国，签字注册会计师必须以 5 年为限进行强制轮换，该规定旨在通过限制签字会计师与客户之间的"亲密联系"来保证审计质量。基于我国制度背景的文献也对签字会计师轮换与审计质量的关系进行了研究。一些文献支持签字会计师任期与审计质量正相关（刘启亮和唐建新，2009；薛爽等，2012）；另一些文献支持签字会计师任期与审计质量负相关，而签字会计师轮换可以提高审计质量（江伟和李斌，2007；周玮和王宁，2012；Firth et al.，2012；Lennox et al.，2014）；还有文献发现，签字会计师任期与审计质量关系不显著（沈玉清等，2010），或者二者之间存在非线性关系（袁蓉丽和张馨艺，2014）。造成研究结论存在较大差异的重要原因是，文献中使用的审计质量的替代指标不同，包括操纵性应计（刘启亮和唐建新，2009；薛爽等，2012；袁蓉丽和张馨艺，2014）、发表非标准审计意见的概率（沈玉清等，2010）、会计稳健性（周玮和王宁，2012）、审计调整（Lennox et al.，2014）以及发表非无保留意见的概率（江伟和李斌，2008）。另外，Chen 等（2016）基于中国上市公司的数据，研究客户是否成功地通过轮换签字会计师来达到购买审计意见的目的。研究发现：上市公司能够通过轮换签字会计师来达到购买审计意见的目的；在客户对会计师事务所形成较强经济依赖的情况下，更可能发生审计意见购买；而相比于公司制，合伙制下更不会出现审计意见购买。

五、签字会计师和客户的特殊关系与审计质量

可以说，独立性是注册会计师的灵魂。独立性要求注册会计师在对被审计单

位进行审计时保持客观性和中立性，对于审计过程中发现的重大错报和漏报，注册会计师应该敢于揭露。而签字会计师和客户之间存在的一些特殊关系可能损害独立性，进而影响到审计质量。如"旋转门""换所不换师""校友关系"等都会对签字会计师独立性造成负面影响。

Menon 和 William（2004）聚焦"旋转门"（Revolving Door）现象，[①] 研究发现，"旋转门"导致被审计单位出现更多的应计盈余管理，即审计质量降低。造成这一结果的原因是：现任签字会计师更加信任前任合伙人任职的公司，导致评估的固有风险和控制风险更低，从而接受更高的检查风险，执行更少的审计程序，继而引起审计质量下降。吴溪等（2010）以案例的形式研究了签字会计师到客户担任高管的"旋转门"现象，发现在签字会计师担任客户高管前后的一段时间，客户的财务信息都表现出一定的异常，如异常高的主营业务利润率、大幅非经常性利得、"洗大澡"等现象，然而签字会计师出具的审计意见都是干净的审计意见。这表明在"旋转门"下，客户与签字会计师特殊的关系可能损害审计质量。以往基于大样本的经验研究并未发现签字会计师在成为客户高管前对未来雇主实施了更加宽松的审计（Geiger et al.，2005），这主要是因为过往的文献没有区分在签字会计师跳槽到客户当高管前哪些年度是"跳槽签字会计师"负责审计的（陈旭霞等，2015）。陈旭霞等（2015）基于大样本数据研究签字会计师到客户担任高管的"旋转门"现象，实证研究发现，"旋转门"中的签字会计师在之前年度更加容忍未来雇主的向上盈余管理行为，而对向下的盈余管理未做出明显反应，且不管是邻近跳槽的年度还是更早的年度，都表现出这一现象，而这些"跳槽签字会计师"对自己的其他客户则没有给予相同的容忍态度。

"换所不换师"（"客随师走"）是指签字会计师跳槽到其他的会计师事务所，并将老客户带到新所的现象。老客户跟随签字会计师变更到新所，可以给签字会计师带来客户资源，并巩固签字会计师在新所的地位。而"投桃报李"是很自然的事，作为回报，签字会计师可能降低对老客户的审计收费，允许老客户进行更

[①] 上市公司的高管为当年聘请的会计师事务所的前任合伙人，Menon 和 William（2004）并不区分该前任合伙人是否审计过上市公司。

多的盈余管理且更可能发表无保留审计意见，从而导致审计质量下降。Blouin 等 (2007) 以美国上市公司为样本，研究发现"客随师走"式变更当年审计质量并没有显著降低。原因可能有两点：①由于安达信会计师事务所（AA）被取消证券从业资格，AA 的审计师可能被贴上"低质量审计"的标签，这些审计师更可能受到投资者的关注，此时审计师保持了更强的客观性和独立性；②在安然、世通事件曝光后，SOX 的颁布意味着美国资本市场对审计师独立性的关注度显著提高，审计师面临的法律风险增大，因此事务所内部可能对来自 AA 的审计师执行更严格的监督，从而提高了审计质量。Chen 等 (2009) 进一步拓展了 Blouin 等 (2007) 的研究，以中国强制轮换事务所的上市公司为样本，研究"客随师走"式变更后三年的审计质量。研究发现：盈余管理程度高的上市公司更可能出现"客随师走"式变更，这与 Blouin 等 (2007) 的结论一致。同时，与"换所且换师"相比，"换所不换师"后的第一年并未出现显著的向上盈余管理，但将"换所不换师"式轮换后三年的审计质量进行比较发现，后两年的审计质量要显著低于第一年。类似地，谢盛纹和闫焕民 (2012) 根据人际关系理论，研究发现："换所不换师"式变更当年审计质量更高，但变更的后续年度审计质量下降（谢盛纹和闫焕民，2013）；"换所不换师"式变更当年能够改善审计意见（谢盛纹和闫焕民，2014）；"换所不换师"式变更当年审计收费显著更低（谢盛纹和闫焕民，2014）。Huang 等 (2014) 研究我国会计师事务所轮换过程中的"低价揽客"问题，研究发现："低价揽客"现象只存在于"换所换两师"的情况，在"换所不换师"或者"换所换一师"的情形下不存在"低价揽客"；若同时考虑"换所换两师"和"低价揽客"对审计质量的影响，发现"换所换两师"并伴随"低价揽客"时更可能导致审计质量下降。另外，闫焕民和谢盛纹 (2016) 界定了两种违规签字会计师轮换——"超时审计"和"冷却不足"，以 2008~2013 年我国 A 股上市公司为样本，研究"违规轮换"对审计质量的影响，研究发现，"违规轮换"导致审计报告更加激进，审计质量更低。

审计任期过长易导致签字会计师与客户关系过于密切，进而损害签字会计师的独立性，同时审计任期过长使得签字会计师缺乏职业怀疑态度，进而导致审计质量下降。为了避免审计任期过长对审计质量的损害，不少国家和地区的法律制度都要求满足一定审计年限的签字会计师需要进行强制轮换，且签字会计师在强制轮换后需要度过"冷冻期"才能回审老客户。现有文献中更多关注签字会计师任期对审计质量的影响，而较少有研究"冷冻期"满后回审老客户对审计质量的影响，少数几篇文献发现回审老客户会降低审计质量（Firth et al.，2012；蒋心怡和陶存杰，2016）。如 Firth 等（2012）以中国上市公司为样本，研究"冷冻期"结束后，签字会计师回审老客户的动因和经济后果。结果显示："冷冻期"的最后一年若签字会计师进行了更多的审计调整，则"冷冻期"结束后上市公司更倾向于聘请之前"合作"的签字会计师。进一步研究发现，前任签字会计师回审老客户更可能出具标准审计意见。类似地，蒋心怡和陶存杰（2016）以中国2009~2013 年的上市公司为样本，研究了签字会计师强制轮换后（连续审计满五年），又重新审计老客户是否会影响审计质量。研究发现，强制轮换后重修于好降低了审计质量。

Guan 等（2016）以中国上市公司为研究对象，研究签字会计师和被审计单位的高管存在校友关系是否影响审计质量，研究发现：存在校友关系的上市公司更有可能得到有利的审计意见，尤其是处于财务困境的上市公司。此外，存在校友关系的上市公司盈余质量更差，盈余反应系数（ERC）更低，且在未来更可能出现向下的财务重述。谢盛纹和李远艳（2017）以中国上市公司为样本，研究签字会计师和客户高管存在校友关系对审计质量的影响，得到了类似的结论。He 等(2017) 研究了签字会计师与审计委员会成员的社会关系对审计质量的影响，发现二者之间为显著负相关关系。具体地，相比于没有社会关系的公司，存在社会联系的公司获得非标准审计意见的概率更低、出现财务重述或者因财务错报被财政部和证监会处罚的概率更高，且外部投资者能够感知社会关系对审计质量存在的消极影响。他们进一步研究发现，这种负相关关系在公司代理冲突严重时更加显著。

六、签字会计师的客户重要性与审计质量

关于客户重要性对审计质量的影响，现有文献研究得出的结论并不一致。一方面，若签字会计师的收入高度依赖某个大客户，为了维护与大客户的关系，签

字会计师更可能被迫妥协，导致审计质量下降；另一方面，大客户受到资本市场中投资者更多的关注，一旦出现审计失败，签字会计师更可能被投资者起诉，为了避免法律诉讼和声誉受损，签字会计师会主动提高审计质量。

Chen 等（2010）以中国上市公司为样本，用签字会计师发表非标准审计意见作为审计质量的替代指标，研究签字会计师的客户重要性、制度环境与审计质量的关系，研究发现，在制度环境较差的时期（2001年前），签字会计师的客户重要性与审计质量负相关，而在制度环境得以改善后（2001年以后），签字会计师的客户重要性与审计质量正相关。闫焕民（2015）以中国2007~2014年的上市公司为样本，研究发现，签字会计师层面的客户重要性和审计质量负相关，即签字会计师对客户的经济依赖越大，越可能导致独立性受损，因此审计质量越低，且这种效应在非"四大"的样本中更加显著。

但是，Chi 等（2012）指出，以上市公司为基础计算签字会计师的市场份额并不准确，事实上，非上市公司在签字会计师的收入结构中占据很大比例。因此，Chi 等（2012）以中国台湾上市、非上市公司为样本，用异常应计、发表非标准审计意见以及客户盈余目标管理来衡量审计质量，研究签字会计师层面的客户重要性对审计质量的影响，研究表明：①对"四大"而言，签字会计师层面的客户重要性与审计质量关系不显著；②对非"四大"而言，签字会计师层面的客户重要性与审计质量负相关。

七、"污点签字会计师"的质量传染效应和价格传染效应

近几年，国内外文献研究表明，签字会计师的低质量审计具有"传染效应"，这种传染效应表现为"自我传染"（余玉苗和高燕燕，2016；徐艳萍和王琨，2015；Li et al.，2016）和"团队成员传染"（冉明东等，2016）。

具体地，余玉苗和高燕燕（2016）以2009~2014年受处罚的签字注册会计师为研究对象，发现受处罚的签字会计师在被处罚前所提供的审计服务质量较差，若这些签字会计师所在的事务所与质量控制较好的事务所发生合并后，签字会计师的审计质量得到改善。徐艳萍和王琨（2015）选取2000~2010年的中国上市公司为样本，研究了签字会计师联结和财务报表重述之间的关系。研究发现：①与

其他签字会计师相比，聘请"污点签字会计师"更可能发生财务报表重述；②具体地，这种传染效应是由于相同项目签字会计师导致的，而非复核签字会计师。

Li 等（2016）研究发现：①签字会计师的低质量审计具有传染效应，这种传染效应包括横向传染和纵向传染，横向传染指曾经出现过审计失败的签字会计师所审计的其他客户同样存在审计质量较低的状况，纵向传染指出现过审计失败的签字会计师在未来四年内所审计的客户更可能出现审计失败；②这种传染效应存在于有限责任制的会计师事务所和合伙制的会计师事务所；③但是这种传染效应在女性签字会计师和高学历签字会计师所审计的客户中更不明显；④审计报告中只要存在一个低质量签字会计师，传染效应就存在，如若两个都是低质量签字会计师，则传染效应更强；⑤只存在签字会计师层次的传染效应，而不存在事务所层面的传染效应。

冉明东等（2016）研究签字会计师团队内成员之间是否存在低质量审计的传染效应，研究发现：①与没有和"污点签字会计师"共事过的签字会计师相比，和"污点签字会计师"共事过的签字会计师审计的其他客户审计质量显著更低；②与没有和"污点签字会计师"共事过的签字会计师相比，和"污点签字会计师"共事过的签字会计师收取的审计费用更低。

有文献研究表明，签字会计师的低质量审计具有股价传染效应。Gul 等（2015）以中国上市公司为样本，研究签字会计师层面的低质量审计的股价传染效应，研究发现：①当签字会计师审计的客户被证监会处罚时，该签字会计师的其他客户以及与该签字会计师同所的其他签字会计师审计的客户股价显著下跌；②相比于共用事务所的客户，共用签字会计师的客户股价下跌更加明显；③在制度环境差的地区，共用低质量签字会计师导致的股价下跌更加明显；④与非国有企业相比，在国有企业中，共用低质量签字会计师导致的股价下跌更不明显。

八、签字会计师繁忙、压力与审计质量

多席位独立董事是指独立董事同时在多家上市公司任职，这些独立董事工作繁忙度较高。部分文献研究表明，独立董事过于繁忙导致其没有足够的时间和精力投入监督中，从而弱化公司治理，降低公司价值，支持"繁忙假说"（Shivdasani and Yermack，1999；Fich and Shivdasani，2006；陆贤伟等，2012；李志辉等，2017）。2001 年，我国证监会发布的《关于在上市公司独立董事制度的指导意见》中规定，独立董事原则上最多只能在 5 家上市公司兼任独立董事，从而确保独立董事有足够的时间和精力有效地履行独立董事的职责。也有部分研究发现，独立董事同时在多家上市公司任职往往是董事良好声誉和能力的外在表征，上市公司倾向于聘请具有社会声誉的独立董事，以期给上市公司带来更多的社会资源以及提供更好的监督。因此，独立董事繁忙加强了内部治理（Fama and Jensen，1983；Ferris et al.，2003），提升了管理效率和盈利能力（郑志刚等，2017），提高了信息披露质量（王建琼和陆贤伟，2013）、降低了 IPO 抑价（马如静等，2015）。过去文献研究多席位独立董事的治理效果通常假设"独立董事对每个公司投入的时间和精力是一样的"，然而实际上并非如此（Masulis and Mobbs，2014；全怡和陈冬华，2016；谢雅璐，2016；谢诗蕾等，2016）。Masulis 和 Mobbs（2014）通过实证研究得出结论：多席位独立董事对每家公司付出的时间和精力取决于任职公司之间的相对规模。全怡和陈冬华（2016）研究表明，上市公司的声誉、空间距离以及交通时间成本会影响独立董事个人精力的投入。具体地，独立董事投入的精力与公司声誉显著正相关；与空间距离、交通时间显著负相关。谢诗蕾等（2016）发现，多席位独立董事更不可能缺席大企业的董事会会议，这是因为不同规模和可见度的公司提供给独立董事的声誉激励程度有差异，进而影响独立董事监督资源的分配，且董事会中声誉激励高的独立董事占比越高，公司的绩效越好。

相比于多席位独立董事的治理效应，研究签字会计师繁忙度对审计结果的影响的文献较为稀少。实际上，注册会计师审计是典型的高压力工作，一方面，注册会计师需要在特定时间内完成所有的审计工作，包括外勤审计和复核工作，在审计多客户的情况下，其面临着较为严峻的时间预算压力；另一方面，签字会计师需要频繁的出差、熬夜加班，由此引致生理、心理上的疲惫同样是个严重的问题。因此，研究签字会计师工作繁忙对工作绩效的影响具有重要的实践意义。

目前，文献主要采用实验研究法来研究时间预算压力对降低审计质量行为（RAQ）的影响。长期以来，时间预算被认为是会计师事务所提高审计效率、控制审计成本的有效手段。诚然，事务所制定时间预算有助于审计计划的安排、审计人员的分配、审计工作绩效的评价、收费的确定以及工作效率的提高，但时间预算压力也潜在威胁到审计质量（Alderman and Deitrick，1982）。Alderman 和 Deitrick（1982）通过问卷调查，研究发现超过 20% 的注册会计师相信时间预算压力会干扰正常审计程序的执行；超过 37% 的注册会计师认为时间预算压力与搜集充分适当的审计证据存在冲突；且为了达到上级绩效考评要求，注册会计师更可能低报实际审计时间，并在未完成所有计划工作的情况下提前签字（Premature Sign Off）。[①] Ragunathan（1991）研究发现，离开"四大"的注册会计师有 55% 表示曾经提前终止审计程序。进一步地，Willett 和 Page（1996）发现，时间预算压力导致的"提前签字"行为在非"八大"事务所中更加明显。DeZoort 和 Lord（1997）研究发现，时间压力过大下，注册会计师往往会焦虑甚至不堪重负，继而对工作绩效造成负面影响。Sweeney 和 Summers（2002）通过实验研究发现，注册会计师在繁忙季度面临的时间限制和工作压力会造成职业倦怠（Job Burnout）。Coram 等（2003）研究发现，时间预算压力导致审计师会不合理地减少审计证据的搜集，进而降低审计质量。Mcdaniel（1990）研究发现，审计效率随着时间压力的增加而降低，且结果化审计程序加大了时间压力对审计效率的负面作用。Coram 等（2004）研究发现，客户的重大错报风险能够调节注册会计师时间预算压力和降低审计质量行为（RAQ）之间的关系。具体地，当客户的重大错报风险较大时，注册会计师时间预算压力和降低审计质量行为（RAQ）的正相关关系减弱。而 Malone 和 Roberts（1996）研究发现，时间预算压力并未导致注册会计师出现降低审计质量行为。刘成立（2008）通过问卷调查法，研究发现，我国注册会计师面临的时间压力越来越大，注册会计师在面临严峻时间压力时往往不得不采取提前终止审计程序的行为，进而导致审计质量下降。另外，注册会计师为了满足绩效评价目标，存在少报审计时间的行为（刘成立，2008）。李婉丽和仪明金（2012）采用实验研究法，研究时间压力对审计团队判断绩效的影响发现，时

---

① Raghunathan（1991）定义提前签字（Premature Sign Off）为审计人员在完成必要审计程序前提前执行签字。

间压力过大会导致审计团队判断绩效下降，且这种效应在高团队知识异质性下更加显著。还有研究表明，不同角色的审计人员感受到的时间压力并不一样，审计人员的职位越高，其感知的时间压力越大（刘成立，2008）。Agoglia 等（2010）研究了工作压力对复核签字会计师选择复核方式的影响，结果表明，复核签字会计师的工作压力越大，越可能降低"面对面复核"的比例，[①]并转而更多地采取"电子复核"；而客户的重大错报风险发挥着调节作用，即当客户的重大错报较大时，审计师工作压力与采取"电子复核"的关系显著减弱。

基于大样本实证研究时间压力与审计质量的文献很少，且得出的结论并不一致。原因主要包括两个方面：①不同国家和地区的法律制度背景存在较大差异，如澳大利亚和美国资本市场规模大，投资者保护程度高；而瑞典和中国的法律体系对投资者保护较英美法更差。在法律制度薄弱、投资者保护较差的国家和地区，签字会计师的独立性较低，自然提供的审计质量也较低。②不同国家的审计市场结构存在一定的差异。不同于国外，我国的审计市场集中度低，竞争激烈，"四大"的市场份额占比小。Hunt 和 Lulseged（2007）指出，大所和小所存在本质的区别。第一，大所声誉更高，为了维护高声誉，大所更可能保持较高独立性，提供高质量审计（DeAngelo，1981a）。第二，大所能够更好地培训员工且拥有更好的技术支持，从而有助于签字会计师侦查错报。第三，小所的内部质量控制系统较大所而言效果更差，因而小所的签字会计师拥有更大的权利，受到的监督和约束更小。López 和 Peters（2012）以美国上市公司为样本，从会计师事务所分所层次研究审计师工作压力与审计质量之间的关系，结果显示：审计师工作压力与审计质量负相关，审计师的工作压力越大，客户的应计盈余管理程度更大。Sundgren 和 Svanström（2014）以瑞典的上市公司为样本，研究签字会计师繁忙度对审计质量的影响。研究发现，签字会计师繁忙度与审计质量负相关，且签字会计师繁忙度对审计质量的影响不受事务所规模的影响。

Yan 和 Xie（2016）以中国 A 股 2007~2013 年的上市公司为样本，基于工作

---

① Agoglia 等（2010）通过问卷的方式对 23 名审计经理和合伙人进行调查，结果表明：87%的参与者表示"面对面复核"（In-person Reviews）效果更好，82.6%的参与者表示"电子复核"（Electronic Reviews）更加方便、有效率。

要求控制模型 (Job Demands-Control Model) 研究签字会计师工作压力对审计质量 (操纵性应计的绝对值为替代变量) 的影响, 研究发现: ①总的来说, 审计师工作压力对审计质量没有显著影响; ②将样本区分为连续审计样本和事务所轮换年度的样本, 发现在事务所轮换当年, 签字会计师工作压力会导致审计质量下降, 但连续审计年度, 签字会计师工作压力与审计质量关系不显著; ③签字会计师个人特征也在工作压力与审计质量之间发挥着调节作用。

Goodwin 和 Wu (2016) 以澳大利亚的上市公司为样本, 研究了签字会计师繁忙度与审计质量的关系。研究发现: 签字会计师繁忙度与审计质量的关系并不显著, 这与均衡理论一致, 即不同签字会计师在能力方面存在异质性, 工作繁忙程度是签字会计师在考虑了收益和成本后做出的最优安排和决定, 因此签字会计师工作繁忙并不会影响审计质量。但当这种均衡状态被打破时, 签字会计师工作繁忙与首次出具非标准审计意见负相关, 即审计质量下降。

López 和 Peters (2011) 从会计师事务所分所的层次研究审计师工作压力对审计师轮换的影响, 研究发现: ①在繁忙季度更不可能发生审计师轮换现象; ②若会计师事务所分所在繁忙季度的客户数量较多时, 发生审计师轮换概率有所提升。

第二节 签字会计师异质性与审计延迟

审计延迟一般指资产负债表日到审计报告披露日之间的时间间隔 (Ashton et al., 1987)。文献普遍认为审计延迟衡量了审计师的审计投入, 审计师投入的时间和精力越多, 审计延迟往往越高 (Knechel and Payne, 2001; Chan et al., 2012; Jiang and Son, 2015)。Knechel 和 Payne (2001) 实证研究发现, 较长的审计延迟与较多的审计时间投入显著相关。审计延迟直接影响到财务报表信息的披露, 进而影响会计信息的及时性和有用性。目前关于审计延迟问题的研究更多是从事务所层面出发, 基于签字会计师层面的研究很少。现有文献主要关注公司特征、事务所特征等因素对审计延迟的影响。

Dyer 和 McHugh（1975）首次研究审计延迟问题，以澳大利亚 1965~1971 年 120 家上市公司为样本，研究了审计延迟和公司规模、公司盈利性、会计年度末时间之间的关系。Ahmed（2003）以南亚三国（包括孟加拉国、印度和巴基斯坦）的公司为样本，检验公司年报披露的及时性，发现：财务年度时间是决定审计延迟的重要因素，事务所规模与审计延迟显著负相关（印度和巴基斯坦），公司是否盈利、公司规模与审计延迟正相关（巴基斯坦），财务风险与审计延迟的关系不显著，两阶段回归发现审计延迟是造成年报披露延迟的主要原因。Ashton 等（1987）使用问卷调查获得同一个事务所审计的上市公司和部分非上市公司的相关信息，研究审计延迟的影响因素。研究发现，审计延迟与公司规模、公司经营复杂性显著正相关；与审计师执行更多的期中审计、内部控制质量显著负相关，且上市公司的审计延迟低于非上市公司。Ng 和 Tai（1994）首次检验了中国香港资本市场的审计延迟问题，以中国香港 1990 年（260 家）和 1991 年（292 家）共 552 家公司为样本，研究审计延迟的影响因素，发现公司规模和审计延迟显著负相关，公司复杂性、异常项目和审计延迟正相关。

Whitworth 等（2014）从事务所分所层面研究分所特征对审计延迟的影响，研究发现，事务所分所的行业专长可以显著降低审计延迟；分所的规模和客户重要性与审计延迟显著正相关。主要原因是：分所的重要客户受到投资者更多的关注，一旦发生审计失败，审计师面临的法律诉讼和声誉损失风险更高，因此，审计师更可能对重要客户保持谨慎性，并增加更多的审计程序，导致审计延迟上升。但分所最重要客户的审计延迟显著较低，这是因为分所的最重要客户议价能力最强，通常这些客户能够得到审计师的优先审计，审计师在结束"优先级"客户的审计任务后，才会审计其他客户，且分所更可能派遣经验更加丰富的审计人员参与"优先级"客户的审计工作（Whitworth et al.，2014）。刘笑霞和李明辉（2016）研究了会计师事务所人力资本特征对审计延迟的影响，发现 40 岁以上注册会计师的比例和参加行业领军人才培训的注册会计师比例越高，审计延迟越低。

Lawrence 和 Glover（1998）研究了事务所合并能否产生协同效应，进而提高审计效率，降低审计延迟，研究结论并没有支持事务所合并产生的协同效应、降低审计延迟的作用。李明辉和刘笑霞（2012）研究了中国事务所合并是否会提高审计效率，得出了相反的结论，结果显示，事务所合并能够降低交易成本并产生协同效应与范围经济，进而降低审计延迟。

Ettredge 等（2006）研究了内部控制缺陷对审计延迟的影响，发现执行SOX404造成了更大的审计延迟；相对于没有内部控制重大缺陷的上市公司，存在内部控制重大缺陷的上市公司审计延迟更大；公司层面内部控制重大缺陷对审计延迟的负面影响比账户层面内部控制重大缺陷更大。Pizzini 等（2011）研究内部审计功能对审计延迟的影响，发现内部审计质量可以通过直接和间接两种方式显著地降低审计延迟。一方面，提高内部审计质量可以降低控制风险，根据审计风险模型，在可接受的审计风险一致的情况下，审计师需要付出的努力更少，因而审计延迟更低；另一方面，当内部审计质量较高时，外部审计师更加信任内部审计发挥的作用并利用其完成相关工作，从而降低审计延迟。Abbott 等（2012）研究也发现，内部审计功能可以帮助外部审计师更好地完成审计工作，节约审计时间，降低审计延迟。李瑛玫等（2016）以中国上市公司为样本，研究发现，内部控制质量越高，审计延迟越低，且这种作用在未进行中期审计的公司中更加显著。

Sharma 等（2017）从"成本—收益"角度分析签字会计师轮换对审计收费和审计延迟的影响，研究发现，强制轮换签字会计师当年审计收费显著更高，且审计延迟显著更长。进一步研究发现：①这种关系在"非四大"、大客户以及不具有审计行业专长组中更加显著；②这种关系在签字会计师轮换后几年都持续存在；③较长的事务所审计任期并不能缓解签字会计师轮换下客户层面审计行业专长丢失所造成的消极影响。

Lambert 等（2017）研究了降低审计延迟是否影响审计质量，发现强制降低审计延迟使得审计师不得不在较短时间内完成审计工作，并更加依赖于期中审计程序，①这导致注册会计师更难发现公司管理层的盈余管理行为，导致审计质量下降。

---

① 过多地依赖期中审计会增大审计风险（AICPA，1983）。

第三节 签字会计师异质性与审计收费

审计收费一直以来都是实证审计研究的重要话题。Simunic（1980）认为，在审计市场充分竞争的情形下，审计收费受审计成本（包括正常利润）和审计经营风险预期成本的现值两个方面的影响。随后，Houston 等（2005）扩展了模型，指出审计经营风险预期成本包括三个方面：一是与财务报表存在重大错报有关的法律诉讼成本，二是与财务报表存在重大错报无关的法律诉讼成本，三是非法律诉讼成本（声誉损失导致的未来收入降低）。自从 Simunic（1980）提出审计收费决定模型后，大量文献基于此研究审计收费的影响因素。过去文献主要从会计师事务所（分所）的角度出发，研究了事务所规模、事务所声誉、事务所轮换（任期）以及事务所行业专长等与审计收费的关系，并得到了诸多有意义的结论。[①]但是，近年来的文献指出，注册会计师审计业务实际上由签字会计师及其带领的团队负责，不同的签字会计师及其团队特征不同，因而审计收费或有差异。

少有的几篇文献实证研究表明签字会计师个体异质性会显著影响审计定价（Taylor，2011；Ittonen and Peni，2012；Zerni，2012；Goodwin and Wu，2014；Hardies et al.，2015；韩维芳，2016）。Taylor（2011）实证研究发现，不论是在"四大"还是在"非四大"中，签字会计师的异质性皆有可能导致审计收费溢价或者折价。Zerni（2012）指出，签字会计师的声誉和经验会显著影响审计预算时间和审计工作计费率（Billing Rates），进而影响审计定价，他以瑞典上市公司为样本，研究发现，签字会计师行业专长与审计收费正相关，即客户能够感知签字会计师具有行业专长，能够提高审计质量，从而愿意支付一定的溢价。进一步地，Goodwin 和 Wu（2014）以澳大利亚上市公司为样本，研究发现签字会计师行业专长与审计收费正相关，且在控制签字会计师行业专长的情形下，事务所分

---

① 关于会计师事务所及分所层面上的审计收费影响因素文献这里不再赘述。

所行业专长与审计收费无关。韩维芳（2016）以中国上市公司为样本研究签字会计师个人经验对审计收费的影响，发现复核签字会计师经验与审计收费正相关，而项目签字会计师经验与审计收费呈负相关关系。Ittonen 和 Peni（2012）以北欧三个国家（芬兰、丹麦和瑞典）在纳斯达克的上市公司为样本，研究签字会计师性别对审计收费的影响，发现相比于男性签字会计师，女性签字会计师更能够获得溢价收费。类似地，Hardies 等（2015）以比利时的公司为样本，也发现女性签字会计师比男性签字会计师更能够获得溢价收费。与 Ittonen 和 Peni（2012）相比，Hardies 等（2015）的样本更多，且采用更多稳健性测试方法克服内生性问题，使得研究结论更可靠。

第四节　文献述评

综上所述，近几年有关签字会计师层面的审计研究取得了丰富的成果。研究表明，签字会计师个体异质性是导致审计质量出现差异的重要因素。且不少文献在控制签字会计师特征后，发现基于总所（分所）计算的相关变量变得不显著，也就是说，签字会计师个人特征是起决定性作用的因素。因此，基于签字会计师层面研究审计问题具有重要的理论意义和现实意义。现有文献为本书的研究提供了重要的参考和借鉴依据。当然，在某些细分领域，现有文献的研究深度和广度还不够，有待后续进一步探索。如现有文献虽然对签字会计师个体与审计质量的关系进行了大量的实证研究，得出了诸多有意义的结论，但罕见有文献以两名签字会计师构成团队的视角，研究两名签字会计师之间的互动关系对审计结果的影响。如有文献研究签字会计师性别对审计质量的影响，发现女性签字会计师是风险规避者，她们在执业过程中更加谨慎，因此提供的审计质量更高。但是，罕见有文献研究性别组合对审计结果影响，即"男女搭配"能否改善审计质量？进一步地，"男复核签字会计师和女外勤签字会计师"的组合与"女复核签字会计师和男外勤签字会计师"的组合哪个更好？本书所提出的这些问题仅仅是抛砖引玉，期待有更多文献从团队成员的互动关系出发研究相关问题。

实务中可以观察到有些签字会计师在一个会计年度同时审计多个上市公司，签字会计师在一个会计年度拥有较多客户彰显其较高的社会声誉和能力，但也可能导致签字会计师工作压力过大。签字会计师的繁忙所隐含的"声誉效应"和"压力效应"究竟哪个起主导作用是个有趣且值得研究的话题。目前，研究签字会计师的繁忙对签字会计师行为和审计结果影响的文献较为缺乏，已有的几篇文献基于不同国家和地区的制度背景，研究签字会计师繁忙度对审计质量的影响，但并未得出一致的结论。主要原因是，不同国家和不同地区的法律制度环境和审计市场结构存在较大差异。本书以中国特殊的制度背景为基础，继续深入研究该问题。与英美等发达国家相比，中国的法律制度环境较为薄弱，签字会计师审计失败的违规成本较低，因而其主动提高审计质量的动力不足。另外，美国的上市公司会计年度并不完全是公历年度，这有助于注册会计师平滑全年的审计工作，进而缓解注册会计师面临的时间预算压力；我国的所有上市公司都采用公历年度作为会计年度，而公历年度末往往是上市公司业务最为繁忙的时期，也就是说，注册会计师需要在最繁忙的时期完成所有的财务报表审计工作，毫无疑问，我国的注册会计师面临的工作压力更大。另外，我国的审计市场竞争激烈，是典型的买方市场，签字会计师议价能力较低使得其往往不得不妥协于客户。一旦签字会计师发表了非标准审计意见，客户可以随时变更事务所，导致签字会计师的客户资源流失。

基于此，本书的研究可以进一步提供新兴资本市场的经验证据。另外，不同签字会计师存在异质性，他们对工作压力的感知和反应可能也不同。因此，研究签字会计师个人特征对签字会计师繁忙度与审计质量之间关系的调节作用具有重要意义。本书还进一步考虑了客户特征对签字会计师繁忙度与审计质量之间关系的调节作用。

截至目前，研究签字会计师个人特征与审计延迟之间关系的文献十分稀少。本书聚焦签字会计师繁忙现象，研究签字会计师繁忙度与审计延迟之间的关系，从而揭示签字会计师繁忙度对审计投入的影响，进而理顺签字会计师繁忙度影响审计质量的逻辑机理。另外，一些文献研究表明，签字会计师个人特征会影响审计收费，如签字会计师的性别、经验以及专长等。众所周知，审计工时和单位计费率是影响审计收费的两个因素。那么，签字会计师工作繁忙如何影响审计工时和单位计费率，进而决定最终的审计收费呢？目前尚未有文献涉及该话题，本书对该话题的深入研究可以补充现有文献。

综上所述，本书对该签字会计师繁忙度的细分主题进行全面深入的研究，具体探讨签字会计师繁忙度对审计结果（审计质量、审计延迟以及审计收费）的影响，以期可以进一步丰富该领域的研究，并为实务界提供一些参考和建议。

第二章 理论概述

首先，介绍本书主要的解释变量、被解释变量的概念和度量方法，如审计质量的概念和度量、审计延迟的概念和度量、审计收费的概念和度量以及签字会计师繁忙度的概念和度量等。其次，介绍本书运用的基础理论，如高层梯队理论、压力理论、声誉理论以及学习效应理论。最后，运用基础理论分析签字会计师繁忙度对审计质量、审计延迟以及审计收费产生影响的机理。

第一节 主要变量概念的界定和度量

一、审计质量的概念和度量

审计质量作为审计服务的核心，一直以来都是实务界和学术界关注的焦点。实务界的文献认为审计质量是指注册会计师遵守审计准则的程度（Krishnan and Schauer，2000；Tie，1999)，也就是说，若注册会计师能严格按照审计准则的规定执行审计程序并发表审计意见，则注册会计师提供的审计质量较高。至于审计质量的概念，学者们也从不同角度进行了定义。Wallace（1980）认为，审计质量是指注册会计师降低噪声、偏差以及提高会计信息准确性的程度。类似地，Titman 和 Trueman（1986）认为，经过审计的财务信息的准确性可以用来衡量审计质量。Keefe 等（1994）指出，审计质量高低取决于注册会计师的一般性知识、客户层面的专有知识以及行业层面的专有知识。Lee 等（1999）指出，审计质量是公司存在重大错报而审计师没有发表无保留意见的概率。张龙平（1995）认为，把审计质量理解为审计工作的质量，包括注册会计师及其带领的成员的质量和审计过程的质量，结果表现为审计报告的质量。而 DeAngelo（1981b）对于审计质量的定义得到了最广泛的使用。DeAngelo（1981b）指出，审计质量是注册会计师发现并揭露客户的财务报表存在重大错报的联合概率。综上所述，实务界和学术界普遍从审计过程和审计结果两个角度来定义和衡量审计质量。审计过程质量和审计结果质量是一致的，过程质量是结果质量的前提和保证，而结果质量是过程质量的反映（聂曼曼，2009）。

事实上，具有专业胜任能力的注册会计师在审计过程中保持了应有的独立性和职业谨慎性，并按照中国注册会计师审计准则的要求执行充分、适当的审计程序，则审计质量较高。但是，通常人们无法直接观察到注册会计师的审计过程，且审计过程具有较高的专业性，导致普通投资者无法理解，因此人们很难直接评价审计过程来判定审计质量的高低。目前，学者主要通过观察审计结果来间接评价审计质量，如操纵性应计利润、出具非标准审计意见的概率、审计报告激进度、是否发生财务重述、审计失败被监管部门处罚以及微利操纵等。另外，也有学者采用外部投资者、债权人感知的审计质量，如盈余反应系数（Chi et al., 2009；Chi et al., 2016）、托宾 Q 值（He et al., 2017）、债务资本成本（Chi et al., 2016；Guan et al., 2016）。虽然这些指标并非尽善尽美，但能够相对合理地度量审计质量，这种近似的替代极大地推动了审计质量领域的实证研究。下文将对这些审计质量的替代指标进行详细阐述。

（一）应计盈余管理

较多文献采用应计盈余管理作为审计质量的替代指标，应计盈余管理的计算存在多种多样的形式，这里主要介绍运用较为广泛的三种形式，包括：Dechow 等（1995）的修正琼斯模型；Kothari 等（2005）的绩效调整的修正琼斯模型以及 Dechow 和 Dichev（2002）的调整模型。

1. Dechow 等（1995）的修正琼斯模型

Dechow 等（1995）主要基于 Jones（1991）的模型，并进一步修改。黄梅和夏新平（2009）认为，就中国资本市场而言，Dechow 等（1995）的修正琼斯模

型在检验能力上更为突出。文献也广泛地采用 Dechow 等（1995）计算的不同形式的操纵性应计水平（DA、|DA|、DA+、DA-）来衡量审计质量（原红旗和韩维芳，2012；Yan and Xie，2016）。具体计算如模型（2-1）、模型（2-2）和模型（2-3）所示。

$$\frac{TA_{it}}{A_{it-1}} = \alpha_1 \frac{1}{A_{it-1}} + \alpha_2 \frac{\Delta REV_{it} - \Delta REC_{it}}{A_{it-1}} + \alpha_3 \frac{PPE_{it}}{A_{it-1}} + \varepsilon \qquad (2-1)$$

$$NDA_{it} = \alpha_1 \frac{1}{A_{it-1}} + \alpha_2 \frac{\Delta REV_{it} - \Delta REC_{it}}{A_{it-1}} + \alpha_3 \frac{PPE_{it}}{A_{it-1}} \qquad (2-2)$$

$$DA_{it} = \frac{TA_{it}}{A_{it-1}} - NDA_{it} \qquad (2-3)$$

其中，TA_{it} 为公司 i 在第 t 期的总应计利润，A_{it-1} 为公司 i 在第 t-1 期的总资产，ΔREV_{it} 为公司 i 第 t 期与第 t-1 期营业收入的差分值，ΔREC_{it} 为公司 i 第 t 期与 t-1 期应收账款的差分值，PPE_{it} 为公司 i 第 t 期的固定资产原值。首先，以分年度分行业的数据对模型（2-1）进行多元线性回归，估计出系数 α_1、α_2 和 α_3；其次，将估计出的系数 α_1、α_2 和 α_3 代入模型（2-2），计算出非操纵性应计利润（NDA）；最后，用总应计利润（TA）减去非操纵性应计利润（NDA）得到操纵性应计利润（DA），如模型（2-3）所示。在不考虑盈余管理方向的情况下，文献通常对操纵性应计利润（DA）取绝对值，|DA| 越低代表审计质量越高。在某些具体问题的分析中，文献可能根据操纵性应计利润（DA）是否大于 0，将其分为 DA+、DA-，[①] 或者直接采用 DA。

2. Kothari 等（2005）的绩效调整的修正琼斯模型

Kothari 等（2005）的绩效调整的修正琼斯模型是在 Dechow 等（1995）的基础上进一步考虑了资产收益率（ROA），采用该模型的文献有：Chen 等（2008）、Chi 等（2009）、López 和 Peters（2012）、Chi 等（2012）、Ittonen 等（2013）、Guan 等（2016）、刘启亮等（2008）、薛爽等（2012）、王晓珂等（2016）、张健和魏春燕（2016）等。具体计算过程如式（2-4）、式（2-5）、式（2-6）所示，

---

① 值得注意的是，DA+代表 DA 大于 0，DA-代表 DA 小于 0。根据 DA 是否大于 0，将全样本切成两组后进行回归时，直接使用简单多元线性回归（Regress Model）可能存在问题。原因是样本在 DA 为 0 处被截断（Truncate），采用 Truncate Regress Model 更加合适（Chi et al.，2017）。

公式中的变量定义同上文所述。

$$\frac{TA_{it}}{A_{it-1}} = \beta_1 \frac{1}{A_{it-1}} + \beta_2 \frac{\Delta REV_{it} - \Delta REC_{it}}{A_{it-1}} + \beta_3 \frac{PPE_{it}}{A_{it-1}} + \beta_4 ROA + \varepsilon \qquad (2-4)$$

$$NDA_{it} = \beta_1 \frac{1}{A_{it-1}} + \beta_2 \frac{\Delta REV_{it} - \Delta REC_{it}}{A_{it-1}} + \beta_3 \frac{PPE_{it}}{A_{it-1}} + \beta_4 ROA + \varepsilon \qquad (2-5)$$

$$DA_{it} = \frac{TA_{it}}{A_{it-1}} - NDA_{it} \qquad (2-6)$$

3. Dechow 和 Dichev（2002）的调整模型

McNichlos（2002）进一步发展了 Dechow 和 Dichev（2002）的模型来估计应计盈余管理水平。Gul 等（2013）也采用该指标衡量审计质量。应计盈余管理的计算具体如式（2-7）所示：

$$\Delta WC_t = \eta_0 + \eta_1 CFO_{t-1} + \eta_2 CFO_t + \eta_3 CFO_{t+1} + \eta_4 \Delta SALES_t + \varepsilon \qquad (2-7)$$

其中，ΔWC_t 为第 t 期的营运资本应计，营运资本应计 = 经营净利润 + 折旧 + 摊销 + 财务费用 - 经营活动现金流；CFO_{t-1} 为第 t-1 期经营活动现金流；CFO_t 为第 t 期经营活动现金流；CFO_{t+1} 为第 t+1 期经营活动现金流；$\Delta SALES_t$ 为营业收入的增长率。

分年度分行业对模型（2-7）进行多元线性回归，估计出的残差即为应计盈余管理。需要注意的是，这里的制造业分类采用两位数，其他行业分类采用一位数。

（二）达到分析师盈余预测（MBE）

已有研究表明，公司管理层有动机采用盈余管理来达到分析师预测的盈余水平（Abarbanell and Lehavy，2003；Kasznik and McNichols，2002）。因此，使用达到分析师盈余预测（MBE）能够更加直接地测量公司是否使用盈余管理来达到具体的盈余目标，从而更有效地抓住公司的盈余管理行为。Barua 等（2006）、Davis 等（2009）、Litt 等（2014）等采用该指标衡量审计质量。具体计算过程如模型（2-8）、模型（2-9）和模型（2-10）所示：

$$NDEPS_{it} = EPS_{it} - \frac{DA_{it} \times A_{it-1}}{Share_{it}} \qquad (2-8)$$

$$ADFJFE_{it} = NDEPS_{it} - MCAF_{it} \qquad (2-9)$$

$$FE_{it} = EPS_{it} - MCAF_{it} \qquad (2\text{-}10)$$

其中，$NDEPS_{it}$ 为调整后的每股收益，EPS_{it} 为披露的每股收益，$\dfrac{DA_{it}}{Share_{it}}$ 为每股操纵性应计利润，DA 的计算借鉴了 Dechow 等（1995）的修正琼斯模型；$ADFJFE_{it}$ 为调整后的盈余预测误差，$MCAF_{it}$ 为分析师一致预期的中位数；FE_{it} 为未调整的盈余预测误差。若 $ADFJFE_{it} < 0$ 且 $FE_{it} \geqslant 0$，则令 MBE = 1，代表公司进行了盈余管理以达到分析师预测的盈利水平；否则，MBE = 0。

（三）实现微利及业绩小幅增长

中国的法律制度规定，上市公司需要连续盈利三年才能定向增发新股（SEO），而一旦公司连续亏损两年将会被 ST，连续亏损三年将会被退市。因此在中国，上市公司有强烈的动机去实现盈利，而小幅盈利也被认为是上市公司操纵盈余的一种表现。研究表明，审计师更可能对实现微利的上市公司出具非标准审计意见（Chen et al.，2001），实现微利很可能是一种激进的盈余操纵行为。Gul 等（2013）基于中国制度背景，定义总资产收益率（ROA）介于 0~1% 的为微利，即代表了当年的审计质量较低。Chi 等（2012）基于中国台湾的制度背景，定义总资产收益率（ROA）介于 0~2% 的为微利。除了达到分析师盈利预测的门槛和实现盈利的门槛外，Chi 等（2012）指出上市公司还存在动机实现去年盈利水平的门槛，他们认定总资产收益率（ROA）增长率处于 0~2% 的为业绩小幅增长，将其作为一种盈余操纵行为。

（四）审计报告激进度（ARA）

Gul 等（2013）基于中国的制度背景，通过计算审计报告激进度（ARA）来衡量审计质量。首先，对模型（2-11）分年度进行多元 Logistics 回归，估计模型中被解释变量（OPINION）的拟合值，将其作为签字会计师发布非标准审计意见的合理概率（P）；其次，用 P 减去 OPINION 即为审计报告激进度（ARA），ARA 越大意味着签字会计师实际发表非标准审计意见的概率越低，审计质量越低。模型（2-11）中的其他变量分别为：速动比例（QUICK）、应收账款比例（AR）、其他应收款比例（OTHER）、存货比例（INV）、资产报酬率（ROA）、是否亏损（LOSS）、资产负债率（LEV）、公司规模（SIZE）、公司上市年数（AGE）以及行业（IND）。最近，审计报告激进度（ARA）得到了学术界的广泛认可，诸多文献采用该指标来衡量审计质量（张兆国等，2014；闫焕民，2016；闫焕民和谢盛纹，2016；冉明东等，2016）。

$$\text{OPINION} = \alpha_0 + \alpha_1\text{QUICK} + \alpha_2\text{AR} + \alpha_3\text{OTHER} + \alpha_4\text{INV} + \alpha_5\text{ROA} + \alpha_6\text{LOSS} +$$

$$\alpha_7\text{LEV} + \alpha_8\text{SIZE} + \alpha_9\text{AGE} + \sum \text{IND} + \varepsilon \qquad (2\text{-}11)$$

（五）审计意见

在我国，得到非无保留审计意见的上市公司的再融资行为会受到限制，且可能面临退市。注册会计师发表非无保留审计意见彰显注册会计师较高的独立性，因此一定程度代表较高的审计质量。另外，中国的审计市场竞争激烈，买方处于强势地位，一旦注册会计师发表了非无保留审计意见，则上市公司很可能会在下一年度变更到愿意"合作"的事务所。为了避免丧失客户，注册会计师往往会做出一定的让步，以出具无保留意见加强调事项段来代替非无保留意见。总之，学者们普遍用发表非无保留意见以及无保留意见加强调事项段[①]作为高质量审计的替代变量（Chen et al.，2010；Chi and Chin，2011；Chi et al.，2012；Firth et al.，2012；Wang et al.，2016；Guan et al.，2016；韩维芳，2017）。也有文献将无保留意见、无保留意见加强调事项段、保留意见、无法表示意见和否定意见分别用0、1、2、3赋值，采用有序 Logistics 模型进行回归（Chen et al.，2010）。

另外，国外文献中还常见用持续经营不确定性审计意见（Going-Concern Opinion）来代表审计质量，若审计师对困境公司[②]出具了持续经营不确定性审计意见，则代表审计质量较高，如 Sundgren 和 Svanström（2014）、Litt 等（2014）等。

（六）财务重述

财务重述表明之前年度的财务报表存在重大错报或漏报，财务重述通常可以被外部投资者直接观察到，研究表明，财务重述往往导致投资者遭受较大的损失（Palmrose et al.，2004）。财务重述直接反映公司前期的会计信息质量低下，也表

---

① 非无保留意见以及无保留意见加强调事项段又称为非标准审计意见。
② 困境公司通常指净利润小于 0 或者经营活动现金流小于 0。

明注册会计师当年提供的审计质量较低。现有文献也广泛采用财务重述作为审计质量的替代指标（Chin and Chi，2011；Gul et al.，2013；Guan et al.，2016；Li et al.，2017；徐艳萍和王琨，2015）。具体地，根据时点不同，财务重述包括重述的财务报表所属年度和财务报表被重述的年度两个概念。根据前人文献，定义重述的财务报表所属年度的审计质量较低。需求注意的是，根据修正利润的方向，可以把财务重述区分为两类：向上修正的财务重述和向下修正的财务重述。其中，向上修正的财务重述说明之前年度的财务报表低估的净利润，公司的会计稳健性较高，审计质量较高，因此将向上修正的财务重述确认为"低质量审计"显然并不准确。基于此，徐艳萍和王琨（2015）、Li 等（2016）认为满足下列两个条件的可以确认为"低质量审计"：一是向下修正净利润；二是向下修正净利润的金额超过当年净利润的 10%。值得一提的是，财务重述的相关数据需要通过手工整理的方式获得，财务重述的相关数据来源于：①年度报告中的"重要会计错误产生的原因和影响"；①②专门披露财务重述报告。②Wang 等（2016）、谢盛纹和闫焕民（2014）综合考虑审计意见和财务重述因素，认定上市公司对"标准审计意见"对应的财务报告进行财务重述为低质量审计。

（七）被监管部门处罚

中国证券法赋予证监会权力对会计师事务所和注册会计师的违法违规行为进行处罚，处罚的结果在证监会网站上公开披露。通过对证监会公开披露的处罚结果进行手工整理发现，证监会对审计失败案件普遍采取"师所并罚"，对注册会计师的处罚形式包括警告、罚款、没收违法所得、暂停证券从业资格；对会计师事务所的处罚形式包括责令改正、没收业务收入、罚款、警告、没收违法所得及撤销证券服务业务许可。因审计失败被证监会处罚直接反映了注册会计师当年未能勤勉尽责、未能保持应有的职业谨慎并出具了不恰当的审计意见，即注册会

---

① 1999 年 1 月 1 日，财政部颁布《企业会计准则——会计政策、会计估计变更和会计差错更正》，首次提出会计差错的概念，并要求企业在会计报表附注中披露重大会计差错的内容和重大会计差错的更正金额。

② 因为"会计准则变更"或者"公司发生并购重组"导致的财务报表重述通常会被排除在研究样本以外。2003 年 12 月 1 日，证监会颁布《公开发行证券的公司信息披露编报规则 19 号——财务信息的更正及相关披露》，首次规定了公司经董事会决定更正的已公开披露的定期报告存在差错的，应当以重大事项临时报告的方式及时披露更正后的规则。

计师提供的审计质量较低。不少文献也采用证监会处罚来度量审计质量，如 Gul 等（2013）、Gul 等（2015）、余玉苗和高燕燕（2016）。冉明东等（2016）以中国注册会计师协会（CICPA）网站公布的关于签字会计师的处罚信息来识别低质量审计。

二、审计延迟的概念和度量

审计报告日是指注册会计师已经收集了充分适当的审计证据，并为被审计单位出具审计报告的日期。审计延迟（DELAY）是指上市公司从资产负债表日[①]到审计报告日之间的时间间隔（Ashton et al.，1987）。在我国，一般情况下，审计报告与财务报告往往在同一天披露，因此审计延迟也反映了上市公司披露财务报告的及时性。审计延迟直接影响到上市公司披露财务报告的及时性，进而影响到会计信息的价值和有用性。

之前的文献表明，公司规模、业务复杂度、公司盈利性、内部控制质量、内部审计、事务所规模、事务所分所的行业专长、事务所合并、签字会计师轮换等因素会影响审计延迟（Dyer and McHugh，1975；Ashton et al.，1987；Ng and Tai，1994；Lawrence and Glover，1998；Ahmed，2003；Ettredge et al.，2006；Pizzini et al.，2011；Whitworth et al.，2014；Sharma et al.，2017）。为了提高财务报告的及时性，美国证券交易委员会（SEC）在 2005 年要求大型的"加速编报公司"必须在会计年度结束后 60 天内披露年度报告（10-K）；其他的"加速编报公司"需要在会计年度结束后 75 天内披露年度报告（10-K）。[②]而新规定出台前，上市公司只要在会计年度结束后 90 天披露年度报告即可，新规定大大缩短了审计延迟，提高了财务报告披露的及时性，更能满足投资者对及时信息的需求。但是，研究表明，加速披露财务报告在降低审计延迟的同时导致审计质量下降（Lambert et al.，2017）。萨班斯法案（SOX）颁布后，上市公司需要执行

---

① 我国的资产负债表日为每年的 12 月 31 日，而美国上市公司的资产负债表日并非都是 12 月 31 日。
② 大型加速编报公司（Large Accelerated Filer）是指公开发行的普通股价值大于等于 700 百万美元，大型加速编报公司需要在 2006 年 12 月 15 日起执行新规定；而加速编报公司（Accelerated Filer）是指公开发行的普通股价值大于等于 75 百万美元，且小于 700 百万美元；非加速编报公司是指公开发行的普通股价值小于 75 百万美元。

SOX302 和 SOX404 中对财务报告内部控制有效性评价和财务报告内部控制审计的规定，显著增加了注册会计师的审计工作负担。也就是，注册会计师需要在更短的时间内完成更多的审计工作，这无疑增大了注册会计师的工作压力，进而威胁到审计质量。

最近的文献指出，审计延迟能够较好地度量审计师付出的努力（Ettredge et al.，2006；Chan et al.，2012；Jiang and Son，2015；Lobo et al.，2015；Lambert et al.，2017）。Knechel 和 Payne（2001）指出，较长的审计延迟主要是因为注册会计师在审计过程投入了更多的时间和精力导致的。Ettredge 等（2006）研究表明，企业的内部控制缺陷与审计延迟正相关，这是因为当注册会计师评估被审计单位的控制风险较高时，在可接受审计风险保持不变下，审计师接受更低的检查风险并执行更多的审计程序。Lobo 等（2015）研究发现，审计委员会股权激励与审计收费负相关，进一步研究发现，审计收费降低主要是因为注册会计师付出的努力程度降低引起的。Lambert 等（2017）直接检验审计延迟缩短对审计质量的影响，研究发现，审计延迟缩短意味着注册会计师付出的审计努力程度降低，进而导致审计质量降低。

Ashton 等（1987）最早提出审计延迟的计算方法，后续文献大多延续该方法（Ettredge et al.，2006；Chan et al.，2012；Jiang and Son，2015；Whitworth et al.，2014；Lambert et al.，2017；Sharma et al.，2017）。具体地，如式（2-12）所示，ARD 为审计报告披露日期，FYED 为资产负债表日期。同样，本书也采用该方法度量审计延迟程度。

$$\text{Delay} = \text{ARD} - \text{FYED} \qquad (2\text{-}12)$$

三、审计收费的概念和度量

审计收费，是指审计服务的供给方（注册会计师）和需求方（被审计单位）就审计服务达成一致的费用。一般来说，审计收费在签订《审计业务约定书》时由会计师事务所和被审计单位协商确定，而审计费用的支付可以在签订《审计业务约定书》时一次性支付，也可以是预付一部分，待审计工作全部完成后再支付剩余部分，或者是在审计工作全部完成后一次性支付。在我国，审计费用通常在审计项目结束后由被审计单位支付。在确定审计收费时，会计师事务所以及项目合伙人应该考虑：提供服务所需的知识和技能；提供服务所需要的人员数量和人员经验；提供服务所需要的时间；提供审计服务所需要承担的责任等。我国的审计市场集中度低、竞争激烈，不论是国际"四大"还是国内"十大"，市场占有率都远小于欧美发达国家。因此，我国的审计市场是典型的"买方市场"，客户的"议价能力"高于注册会计师，使得注册会计师常常迫于客户的压力而妥协独立性。竞争激烈的审计市场还易引发低价竞争（或称"低价揽客①"），从而威胁到审计工作的开展，进而影响审计质量（Huang et al., 2014）。近几年，在"事务所做强做大"战略的指引下，我国的会计师事务所进行了大范围的兼并重组。会计师事务所之间的兼并重组有助于提高我国的审计市场集中度，遏制我国审计市场的低价竞争格局，在保障审计质量的同时，提高内资所的品牌和声誉。

2001 年以来，审计收费成为了国内会计学者研究的重点话题。② 影响审计收费的因素有很多，大致可以归纳为：公司的规模、业务复杂度、盈利能力、经营风险、会计师事务所的规模和声誉、签字会计师的声誉等。Simunic（1980）提出了审计收费的决定模型，他认为审计收费与各个影响因素之间的关系并非是线性关系，而对审计收费取对数后，才能用线性模型进行估计，这也是后人普遍对审计收费取对数处理的重要原因。当然，对审计收费取对数处理还可以缓解审计收费分布非正态性对估计结果的影响。另外，值得注意的是，我国披露的审计收费仅仅是财务报表审计业务的审计收费，既不包括内部控制审计收费，也不包括非审计服务收费，这与美国资本市场存在较大的差异。③ 本书借鉴前人文献，对上市公司披露的审计收费取自然对数处理。

---

① 低价揽客是指事务所轮换当期的审计收费低于审计成本。低价揽客通常发生在竞争激烈的审计市场中，为了争夺客户，会计师事务所以低于成本的方式争取客户，并期待通过后续年度的连续审计来赚取利润。正常来讲，在后续期间，由于注册会计师对被审计单位越来越熟悉，审计成本会逐渐降低，加之会计师事务所可以在后续年度适当调高审计收费，因此，后续年度会计师事务所能够赚取相对高的利润。

② 中国证监会于 2001 年 12 月 24 日颁布《公开发行证券的公司信息披露规范问答第 6 号——支付会计师事务所报酬及其披露》，要求上市公司在年度报告中将支付给会计师事务所的报酬作为重要事项加以披露。

③ 美国的财务报表审计和财务报告内部控制审计由同一家事务所审计，也称为"整合审计"。因此，美国的审计收费包括财务报表审计收费和财务报告内部控制审计收费，而我国既存在"整合审计"，也存在"非整合审计"。

四、签字会计师繁忙度的概念和度量

《现代汉语词典》对"繁忙"的定义是事情多，不得空，"忙"与"闲"是一对反义词。从旁观者的角度来看，繁忙是一种快速工作且无暇休息的状态。从心理学角度看，"繁忙"是个体的一种心理状态，由于个体长时间处于紧张的工作中可能导致焦虑或者疲惫的心理状态。

独立董事领域的文献通常将多席位独立董事定义为繁忙独立董事（Busy Independent Director）。独立董事的治理效应一直以来都是学术界讨论的热点话题，而文献对于繁忙独立董事的治理效果并未达成一致的结论。一方面，繁忙独立董事可能因没有足够的时间和精力投入监督中而弱化公司治理（Shivdasani and Yermack，1999；Fich and Shivdasani，2006；陆贤伟等，2012；李志辉等，2017）；另一方面，独立董事繁忙也可能是董事良好声誉和能力的外在表征，因此能够提高内部监督水平（Fama and Jensen，1983；Ferris et al.，2003；王建琼和陆贤伟，2013）。

截至目前，直接以"签字会计师繁忙度"（Auditor Busyness）为题的文献较为稀少，与之相关的问卷调查研究、实验研究更多地采用时间预算压力（Time Budget Pressure）[①] 及时间压力（Time Pressure）[②] 等关键词。不论是时间预算压力还是时间压力，都是指在有限的时间约束下，注册会计师需要完成的工作任务超过最适工作量而导致自身感知身体和心理上的不适。而少数几篇基于大样本的实证研究使用"工作压力 [③]"一词，如 López 和 Peter（2011）、López 和 Peter（2012）及 Yan 和 Xie（2016）。本书则借鉴 Goodwin 和 Wu（2016）、Gul 等（2017），使用"签字会计师繁忙度"反映签字会计师在当年的工作状态。从旁人的角度看，作为中介服务机构，注册会计师审计工作本身具有"工作量大、负担重"的特点，且签字会计师当年的工作量越大，其繁忙程度越高。而从心理学的

[①] 如 Alderman 和 Deitrick（1982）、Willett 和 Page（1996）、Coram 等（2003）、Malone 和 Roberts（1996）。

[②] 如 McDaniel（1990）。

[③] 如 López 和 Peter（2011）、López 和 Peter（2012）中的 Workload Pressures；Yan 和 Xie（2016）中的 Work Stress。

角度看，签字会计师繁忙度可能还体现为签字会计师个体紧张、焦虑的心理状态，但这种心理状态是个体的主观感受，外界无法准确测量。综上所述，本书的"签字会计师繁忙度"是指签字会计师当年的工作负担程度，这种工作负担程度主要与签字会计师的工作时间和工作量直接相关，在面临审计期限约束的情况下，签字会计师承接的客户数量越多，工作量越大，则签字会计师繁忙度越高。

一般来说，在收集工作压力的相关数据时采用的方法包括自我报告法、行为观察法等。自我报告法要求个体报告自己的体验、感受或者态度。自我报告法主要包括问卷调查和访谈法两种。问卷调查可分为结构化问卷和非结构化问卷，注册会计师工作压力相关的文献大多采用结构化问卷形式，即问卷由一些封闭问题组成，被试者对问题的回答以等级评价的方式计分。自我报告法因操作简易受到研究者的广泛使用，但自我报告法也具有一定的局限性，如耗时较长而且取得的数据具有较大的主观性。如 Willett 和 Page（1996）采用问卷调查法，通过设计问题"日常的工作预算时间是否充裕？"来了解注册会计师面临的时间预算压力。Coram 等（2003）借鉴 Willett 和 Page（1996）的思路设计了问卷，问卷分为三个部分。第一部分（问题 1 至问题 8）采用 Likert 量表（0~4）来记录相关内容，具体地，量表中的 1~2 指的是 Sometimes，3~4 指的是 Often，0 则代表 Never；第二部分为勾选题（问题 9 至问题 10），可以选择多个答案；第三部分是问卷回答者个人基本信息的填写。其中，有关注册会计师时间预算压力的问题是："您所在事务所制定的审计时间预算是否充足？"Alderman 和 Deitrick（2001）通过问卷调查法研究注册会计师感知的时间预算压力对"提前签字"（Premature Sign Off）的影响。具体地，Alderman 和 Deitrick（2001）设计的问题包括："时间预算压力会显著影响审计程序的执行""时间预算压力会影响审计工作绩效""当一个审计项目的审计时间超过了时间预算，注册会计师有必要从其他地方节约时间"等，注册会计师需要根据自身对问题的认同程度进行打分（1~5 分），分数越高代表注册会计师对该问题的认同程度越高（具体见表 2-1）。类似地，刘成立（2008）也通过设计问卷问题"一般来说，您在日常审计工作中的时间压力有多大"，并设计了1~7 级的量表。综上所述，通过问卷调查法获得的工作压力数据比较直接，但资料的准确性可能存疑，原因是被试者可能迫于雇主的压力而无法客观回答问题。

表 2-1 问卷调查

问题＼选项	非常认同	认同	不确定	不认同	非常不认同
	5	4	3	2	1
问题 4：时间预算压力干扰了审计程序的执行					
问题 13：时间预算压力能显著影响审计工作绩效					
问题 15：时间预算压力是注册会计师重要的管理工具					
问题 16：当一个审计项目实际审计时间超出预算，注册会计师需要从其他地方节约时间					
问题 17：时间预算压力与搜集充分适当的审计证据存在冲突					
问题 20：近几年，时间预算压力变得越来越严重					

注：请在相应的答案上画圈；来自 Alderman 和 Deitrick（2001）一文中的附录部分，呈现了文中问卷的部分典型问题。

实验研究法是指实验者对被试者在具体压力情境下的工作表现进行评价和记录。这些数据的采集方式可以是被试者自身在体验具体压力后的自我报告行为，也可以是实验者观察被试者实际发生的行为和工作结果。如 Mcdaniel（1990）通过设计现场实验研究时间预算压力以及结构化审计对审计绩效的影响。具体地，179 位注册会计师被邀请参加实验，根据时间预算压力不同将他们分为 4 组，时间预算压力最大的为 45 分钟，最小的为 75 分钟，另外两组分别为 55 分钟和 65 分钟。179 位注册会计师需要在规定的时间内完成相关审计任务，最后观察每组签字会计师的审计绩效，进而研究时间预算压力对审计工作绩效的影响。Agoglia 等（2010）通过设计实验区分了高工作压力组和低工作压力组，让 60 位来自大型会计师事务所的注册会计师随机进入高工作压力组和低工作压力组，在了解自身的工作负荷以及客户的重大错报风险后，他们需要回答一系列问题，包括究竟是采用面对面复核还是电子复核。

截至目前，在注册会计师工作压力领域采用大样本档案研究方法的文献十分稀少。大样本档案研究能够克服个别样本偏误导致的结果失真，得出的研究结论更加可靠。如 López 和 Peter（2011）、López 和 Peter（2012）用上市公司的会计年度末是否处于繁忙季度以及处于繁忙季度的客户集中度来衡量注册会计师的工作压力，进而研究工作压力对审计质量的影响。Goodwin 和 Wu（2016）用签字会计师当年所审计的上市客户数量的自然对数来衡量签字会计师繁忙度。Yan 和 Xie（2016）采用两名签字会计师当年所审计上市客户的总资产的平均值来衡量签字会计师的工作压力。Sundgren 和 Svanström（2014）采用签字会计师当年所审计的客户数量的自然对数来衡量签字会计师繁忙度。综上可见，现有文献主要从签字会计师的客户组合特征来度量签字会计师的繁忙度，如客户数量、客户资产规模以及客户是否处于繁忙季节等。另外，Goodwin 和 Wu（2016）根据客户组合的其他特征对签字会计师繁忙度进行了拆分。

本书主要借鉴 Sundgren 和 Svanström（2014）、Yan 和 Xie（2016）以及Goodwin 和 Wu（2016），用两名签字会计师当年所审计客户的总资产的平均值（APB_A）和两名签字会计师当年所审计的客户数量的平均值（APB_N）[①]来衡量签字会计师的繁忙程度。具体计算过程如模型（2-13）和模型（2-14）所示，其中，SIZE 为公司总资产的自然对数，i 表示公司当年聘请的签字会计师，j 表示签字会计师 i 当年审计的上市公司；N1 为复核签字会计师当年审计的客户数量，N2 为项目签字会计师当年审计的客户数量。

$$APB\_A = \frac{\sum_{i=1}^{2} \sum_{j=1}^{n} SIZE_{ij}}{2} \tag{2-13}$$

$$APB\_N = \frac{N1 + N2}{2} \tag{2-14}$$

---

① 财政部《关于注册会计师在审计报告上签名盖章有关问题的通知》规定，合伙会计师事务所出具的审计报告，应当由一名对审计项目负最终复核责任的合伙人和一名负责该项目的注册会计师签名盖章；有限责任会计师事务所出具的审计报告，应当由会计事务所主任会计师或其授权的副主任会计师和一名负责该项目的注册会计师签名盖章。

第二节 基础理论

一、工作压力理论

工作压力是压力领域的重要范畴，由于有多种研究角度，所以没有形成一致的定义，综合而言主要有两种理论：工作压力的静态理论和动态理论。20 世纪 70 年代后，西方对工作压力的研究转向作用和机制的研究，这一时期的代表作有：人—环境匹配压力模型、工作需求—工作控制模型、付出—回馈压力模型。

French 和 Caplan（1972）提出了人—环境匹配模型（P-E 匹配模型），具体如图 2-1 所示。P-E 匹配模型将压力看成是个人特征与环境特征的不良匹配。该模型区分了两种类型的匹配：供给—需求匹配和需求—能力匹配。其中，供给—需求匹配是指个人的需要及价值观念（P）与满足这些需求和价值观念的环境供给与机会（E）之间的匹配，例如一个有较高情感需求的个体就无法与人际交往较少的工作匹配；需求—能力匹配是指环境需求（E）与个体满足这些需求的能力（P）之间的匹配，例如一个打字技能较差的员工无法匹配有大量文字处理任务的工作。只有当两种类型都能较好地匹配时，个体才会表现出适应状态；反之，

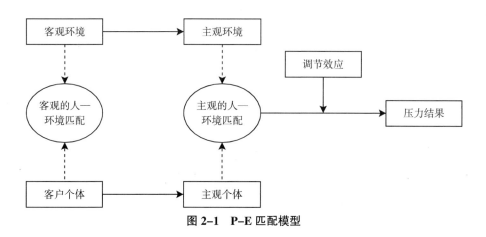

图 2-1 P-E 匹配模型

一旦出现不匹配，个体则感知到工作压力。

Karasek（1979）提出的工作需求—工作控制模型（JDCS）被认为是 20 世纪后期最重要的压力理论。工作需求—工作控制模型（见图 2-2）认为，工作需求和工作控制共同决定了工作压力的大小。其中，工作需求指工作的难度和数量，主要包括工作负荷和角色冲突；工作控制指个体对工作施加的影响，主要包括决策自主性和技能多样性。以注册会计师审计为例，工作需求包括当年审计客户的数量多寡及其规模大小、客户的子公司数量多寡和位置远近以及客户的重大错报风险程度等；而工作控制包括签字会计师及其带领的团队成员的个人能力、审计行业专长、审计经验、签字会计师对客户的熟悉程度以及团队成员之间的沟通和协作能力等。根据工作需求—工作控制模型，工作压力随着工作需求的增加而增加，在高工作需求、低工作控制的情形下，个体感知的工作压力较大，工作绩效往往较低，而高工作需求伴随着高工作控制则可以帮助个体取得进步和成长。这些结论最重要的含义是，通过提高个体的控制能力可以实现更多产出，而不是消极地通过减少产量来减少工作需求。Yan 和 Xie（2016）的研究结论很好地支持了工作需求—工作控制模型，研究发现在签字会计师轮换当年，继任签字会计师对新客户不熟悉导致签字会计师需要执行更多的审计程序，也就是轮换当年工作需求更高，签字会计师的工作压力更大，进而导致审计质量更差。而签字会计师具有行业专长代表了其工作控制能力更强，行业专长能够缓解工作压力对审计质量的负面作用。

图 2-2　工作需求—工作控制模型

Siegrist（1996）于 20 世纪 90 年代末提出付出—回馈的工作压力（ERI）模型，并受到了极大的关注。该理论模型认为个体在工作中所付出的时间、精力需要通过薪酬、尊重及职业发展等作为补偿。一旦员工付出了努力却没有得到相应的补偿，就容易产生压力和不满意感并表现出消极怠工的行为。尤其是当员工"过度投入"时，付出和回馈失衡导致的工作压力会更大。

以上的工作压力理论模型虽然存在一定差异，但主要关注工作压力产生的原因、后果以及相关调节效应。引起个体产生工作压力的因素又称为压力源（Stressor）。现实生活中的压力源可以从宏观层面和微观层面加以区分。宏观层面的压力源包括：工作职业、组织环境，例如不同职业的人群感受的工作压力存在差异；外部自然环境的噪声、气候等会影响个体感知的工作压力，外部自然环境越恶劣，个体感知的工作压力越大。微观层面的压力源包括角色冲突、工作负荷、人际关系、职业发展以及工作家庭冲突等。以注册会计师为例，其面临的压力源包括时间预算、工作负荷量、人际关系、业绩考核等。首先，与美国不同的是，中国上市公司的会计年度统一采用公历年度，因此会计师事务所的审计业务主要集中在次年的 1~4 月，这意味着签字会计师面临着较大的时间预算压力。其次，注册会计师审计是典型的高压力职业，该工作要求注册会计师能够适应频繁的出差和加班，即签字会计师的工作负荷较大，尤其当签字会计师同时负责多个上市公司的审计业务时，这种工作负荷更大。再次，签字会计师在安排和执行审计程序时，需要和被审计单位管理层和治理层进行交流及沟通，以获取评估重大错报风险水平、出具审计意见的相关信息和证据，在这一过程中，签字会计师常常面临管理层施加的各种压力。最后，控制成本是会计师事务所内部绩效考核的重要指标，签字会计师需要尽可能在较短的时间内完成每个项目的审计工作，从而达到降低审计成本的目的。也有研究表明，注册会计师为了迎合领导，往往会少报实际工作时间。

职业倦怠作为工作压力的重要后果之一受到理论界和实务界的广泛关注。倦怠（Burnout）被认为是一种压力反应，在服务型行业员工中较为常见。Maslach 和 Jackson（1981）建立了科学的倦怠概念，用三维度模型定义倦怠：经常产生于紧张的服务性工作人员中，由情绪衰竭（Emotional Exhaustion）、去人性化

(Depersonalization)、个人成就感降低（Decreased Personal）三个维度组合的综合病症，其中情绪衰竭（Emotional Exhaustion）是核心。个体总是希望通过自身的努力工作来满足物质需求（金钱、事物等）和精神需求（自我实现感），但当付出的努力和回报不匹配时，个体往往会出现职业倦怠，职业倦怠容易使人丧失工作热情、感觉到沮丧和受挫，表现出不愿意与人交际的孤僻感，进而导致工作绩效下降。对注册会计师而言，工作压力导致的职业倦怠也是不容忽视的问题。与其他稳定职业不同，注册会计师审计工作需要个体经常性地出差、高强度地加班工作，且注册会计师面临着严格的时间预算和成本控制，由此导致的职业倦怠感可能更加严重。Sweeney 和 Summers（2002）研究发现，在繁忙时期之前，工作负荷并没有显著影响签字会计师的职业倦怠感；而在繁忙时期，审计工作平均时间从非繁忙时期的每周 49 小时上升到 63 小时，此时注册会计师的职业倦怠感明显变强。这意味着，即使注册会计师的抗压性较强或者说感知工作压力的阈值较高，但当工作负荷超过一定阈值时，职业倦怠感仍然会不可避免地发生。

前文介绍了工作压力产生的原因和后果，最后介绍压力产生过程的调节因素。在日常生活中，即使处于相同的环境中，不同个体感知的工作压力往往也不同。也就是说，存在一些因素发挥着调节作用，使不同个体面对相同的压力源却感知到不同的工作压力。常见的调节因素有人口特征、执业特征、组织环境、社会支持等。其中，人口特征又包括性别、年龄、性格、社会地位、耐久力等；执业特征包括过去的执业经历、个人执业专长等。以耐久力为例，耐久力强的个人对工作压力有更强的控制力，他们往往将压力源感知为可控的和积极的，因此在面对压力源时，他们很少产生职业倦怠和身体疾病，工作绩效也较高。而对于注册会计师而言，可能对其感知工作压力起到调节作用的因素有性别、年龄、职位、签字会计师轮换、客户风险、客户业务复杂度、会计师事务所规模等。

二、高层梯队理论

高层梯队理论最早由 Hambrick 和 Mason（1984）提出，他们指出，作为战略决策的主体，管理层不是无限理性的经济人，而是复杂情感的社会人。由于企业内外部环境复杂多变以及个人知识和能力的限制，管理层在进行决策时，其通常无法将企业所有内外部因素都纳入决策框架中，他们只能根据自身的知识和从业经历对已有的信息做出选择性吸收和处理，最终理解的信息是经过由个人的认知基础和价值观组成的"过滤器"的过滤得到的。即管理层的经营管理决策会受到个人能力、从业经历以及价值判断的影响，这种决策的主观性导致了公司经营绩效的差异。高层梯队理论强调管理层个人可能因知识和精力受限而导致决策失败，而管理层团队多个成员的共同决策可以弥补个人决策的缺点，从而提高决策的准确性。在实际研究过程中，高层梯队理论重点关注管理层的可观测特征，包括管理层的年龄、任期、教育背景以及社会经历等。

类似地，上市公司的财务报表审计业务实际上由两名注册会计师及其带领的审计团队负责。根据财政部的规定，其中一名签字会计师负责审计工作底稿的复核工作，该签字会计师通常为会计师事务所的主任会计师或者合伙人；另一名签字会计师负责外勤审计工作，如组织外勤审计团队评估被审计单位的重大错报水平、制定审计计划、执行审计程序、出具审计意见并完成最终的审计工作底稿。总而言之，两名签字会计师各司其职，责任相当，在整个财务报表审计过程中发挥着至关重要的作用。在审计过程中，签字会计师需要做出大量的职业判断和决策，而签字会计师的个人特征会影响到职业判断和决策过程，进而影响审计结果和审计质量。这些个人特征可以概括为人口特征和执业特征，具体包括性别、年龄、学历、政治面貌、职位、审计行业专长、审计任期以及审计经验等（闫焕民，2015）。近期实证研究都证明签字会计师的个体异质性会显著影响审计质量（Gul et al.，2013；张兆国等，2014），这启发我们从签字会计师层面去探索改善审计质量的方法和途径。

三、声誉理论

审计契约关系的产生源于"两权分离"。所有权和经营权分离下，公司日常的经营管理活动由经理人负责，因此经理人较所有者而言具有明显的信息优势，在经理人和所有者目标函数不一致的情况下，经理人有利用信息优势去侵占所有者利益的动机。为了缓解这种委托代理问题、保证受托责任关系的正常履行，所有者可以通过聘请外部独立审计师对公司的会计信息进行鉴证，从而起到监督和约束管理者的作用。

审计服务具有信用品的特征，即产品的特征在开始消费的短期内，很难被消费者观察和判断，或者说审计产品的质量具有较大的不确定性。这种不确定性体现在两方面：一方面，审计服务的过程直接决定了最终审计质量的高低，但审计服务的过程无法被消费者直接观察到，抑或是审计服务具有较强的专业性导致消费者不能完全理解；另一方面，审计服务的最终结果以审计报告的形式呈现，而审计报告是一种标准的格式，消费者很难从审计报告中观察审计质量的高低。因此，审计市场实际上存在较大的信息不对称性，作为审计产品卖方的审计师处于信息优势地位，而消费者则属于信息劣势方。"逆向选择"和"道德风险"是审计市场信息不对称的必然结果。"逆向选择"是指，由于信息不对称的存在，买方基于自我保护意识只愿意支付市场的平均价格，导致高于市场平均价格的高质量商品无人问津而逐渐退出市场，最终市场中成交的都是低价的劣质商品。而"道德风险"则指，委托代理关系发生后，受托人利用信息优势从事损害委托人利益的行为。

为了避免审计市场的"逆向选择"和"道德风险"行为，维护审计市场的正常秩序，需要一些制度和非制度因素来约束及监督注册会计师。我国的法律法规赋予证监会、财政部和中注协权力对会计师事务所和签字会计师的违法违规行为进行处罚，这能一定程度上抑制注册会计师的机会主义行为。但是，纵观多年来的审计失败案例，有关部门对会计师事务所和签字会计师的处罚力度过于轻微大大削弱了制度因素的作用。最近研究表明，在法律制度不健全的国家和地区，审计师声誉机制则能够发挥更好的监督和约束作用，从而激励审计师提供高质量审计的服务（Che et al.，2017）。审计师声誉的产生源于审计师长期以来持续提供高质量审计服务。在信息不对称的审计市场中，消费者无法直接观察到审计服务质量的高低，他们只能通过审计师声誉或者外在的品牌来判断审计师未来的行为。通常而言，具有良好声誉的审计师能够获得超额收益，即经济租金。而一旦出现审计失败，将导致审计师声誉严重受损以及客户大量流失，继而引发未来收入大幅降低。因此，声誉机制能够激励审计师在法律制度约束机制外依靠自律来保证高质量审计服务，即审计师声誉是一种审计师保持高质量审计的自履行机制。审计师声誉机制有助于从事前和事中促进审计师主动提高审计质量，有效地弥补法律制度机制事后监督的不足。

通常而言，具有良好声誉的签字会计师能够获得资本市场更高的认同，从而拥有更多客户资源。这直接体现在，具有良好声誉的审计师往往在一个会计年度内同时为多家上市公司签字，也就是说，高声誉的签字会计师往往会更加繁忙。根据"声誉理论"，拥有多客户资源的繁忙签字会计师独立性更高且专业胜任能力更强，进而提供的审计质量更高。

四、学习效应理论

从经济学的角度看，学习效应是指个体在长期工作过程中，可以不断积累工作经验，提高工作效率和效果，从而提高工作绩效，降低生产成本。签字注册会计师提供的审计服务同样可以用学习效应来解释。具体而言，签字会计师的学习效应体现在三个层面：通用层面、行业层面以及客户层面。

（1）不同的审计业务具有共性，根据审计准则的要求，签字会计师首先必须了解被审计单位及其环境（包括内部控制的设计和执行），其次评估被审计单位的重大错报风险，并安排相应的审计程序（控制测试和实质性测试），最后出具审计报告。随着工作年限的增加，签字会计师对审计准则的理解更加透彻，审计阅历更加丰富，并不断积累审计经验，从而提高审计质量和审计效率。Tubbs（1992）指出，有经验的审计师更能发现异常的错报以及记住更多错报，审计师的工作经验有助于提高审计质量。研究表明，有经验的人往往更能够搜索有用的线索（Brucks，1985）、抓住有用的信息（Chiesi et al.，1979）。Kaplan 等（2008）发现，有经验的审计师更能抵制管理层的劝说企图，保持应有的职业怀疑态度。Shelton（1999）发现，审计师经验可以减少无关信息对审计师决策和判断的影响。综上，随着签字会计师经验的增长，签字会计师的审计效率和审计质量随之提高。

（2）签字会计师可以通过在某些特定行业承接更多的客户来发展自身的审计行业专长。通过对特定行业里的公司进行重复审计，签字会计师能够获得更多有关行业经营风险以及业务流程的相关信息，并熟悉行业的会计政策和关键审计风险点。随着时间的推移，行业审计经历能够促使签字会计师形成审计行业专长，进而帮助签字会计师在后续的相关审计工作中更好地评估重大错报风险、计划和安排审计程序、发现和揭露财务报表存在的重大错报及漏报，最终提高审计质量和审计效率，即体现了行业层面的学习效应。同时，审计行业专长也可以帮助签字会计师在审计市场中建立声誉和品牌，扩大自身的影响力。

（3）事实上，每个公司都有其特殊性，即使是同行业的不同公司，他们的公司治理水平、管理层特质以及内部控制有效性等也存在较大差异。这意味着即使签字会计师具备了审计行业专长，也无法确定其提供的审计质量一定较高。换句话说，签字会计师对具体客户的熟悉程度也是影响最终审计质量的重要因素。具体地，签字会计师对同一客户的连续审计，可以使签字会计师形成"客户层面的审计专长"，进而提高对该客户的审计质量和审计效率，即体现了客户层面的学习效应。反之，签字会计师轮换则会导致"客户层面的审计专长"丢失，此时继任签字会计师对客户不熟悉使其面临较大的信息不对称，被审计单位的管理层可能利用信息优势进行机会主义行为，而这些问题可能难以被继任签字会计师发现。即在签字会计师轮换当年，继任签字会计师需要付出更多的时间和精力，但却并不一定能保证提供高质量的审计服务。SOX 要求美国的会计师事务所加速轮换签字会计师，即签字会计师对同一客户的最长审计任期从 7 年缩短为 5 年，然而这遭到实务界的严峻挑战。实务界普遍认为，签字会计师对于新客户需要一段时间的熟悉过程（2~3 年），新任签字会计师在前几年的审计效率较低，审计成本较高（Daugherty et al.，2012）。此外，若把签字会计师的工作经验区分为审计当前客户积累的经验和审计其他客户积累的经验，可以发现二者对审计质量的促进作用存在替代关系（Chi et al.，2017）。

第三节　签字会计师繁忙度的审计影响机理分析

提供高质量审计产品的签字会计师是审计市场中的优质资源，品牌声誉使他们能够吸引更多客户并赚取"经济租金"。也就是说，提供高质量审计服务的签字会计师往往表现得更加"繁忙"，其通常在一个会计年度内负责多家上市公司的财务报表审计业务。根据审计师声誉理论，为了赚取稳定的"经济租金"，签字会计师更可能保持较高的独立性，因为一旦发生审计失败，将导致签字会计师声誉严重受损并引致未来收入大幅下滑。同时，声誉的形成来源于过去一段时间持续提供高质量审计服务，而高质量审计服务是签字会计师个人投入更多时间、精力的结果，在这个过程中签字会计师通过不断地学习与积累形成了较强的专业胜任能力。根据 DeAngelo（1981b）的观点，独立性和专业胜任能力是决定审计质量的两个重要因素。因此，与非繁忙的签字会计师相比，繁忙的签字会计师通常专业胜任能力更强，且能够保持更高的独立性，其提供的审计服务质量也更高。另外，具有良好声誉的签字会计师受过更专业的培训、积累了更全面的知识、掌握了更先进的审计技术，这使得他们在审计过程中更加得心应手，审计效率更高。

近年来，审计师工作压力不断上升受到人们越来越多的关注。我国的审计市场集中度较低，竞争较为激烈，呈现出典型的"买方市场"。在"买方市场"下，为了争夺客户，会计师事务所通常采用低价竞争策略，导致我国审计市场存在明显的"低价揽客"现象，"低价揽客"伴随轮换两位签字会计师会导致审计质量下降（Huang et al., 2014）。央企和部分国企通常采用公开招标的形式聘请外部审计师，公开招标固然有助于提高公平性，但这种"价低者得"的竞标方式也引发了事务所之间严重的低价竞争。审计收费过低会显著影响审计程序的执行，导致审计时间预算过低，而签字会计师面临的时间预算压力过大会威胁到审计质量。刘成立（2010）通过实验研究发现，时间压力是影响注册会计师审计质量的重要因素。

与其他签字会计师相比，繁忙的签字会计师面临的时间预算压力更大。由于签字会计师在一个年度审计的客户数量较多使其能够分配到每个客户的审计时间预算较少，紧张的时间预算往往会对审计过程造成干扰。为了应对审计时间预算减少造成的冲击，签字会计师可能被迫对审计团队施加更大压力，迫使审计团队成员利用本应该休息的时间加班工作，持续地加班、熬夜工作易导致审计人员出现身心疲惫并引发"职业倦怠"（Sweeney and Summers，2002）。"职业倦怠"易使审计人员出现"情感衰竭""去人性化"以及"个人成就感"降低，进而在审计工作中表现出不愿意与其他人合作和交流的状态，而消极的工作态度最终导致审计人员工作绩效下降（Maslach and Jackson，1981）。Kahneman（1973）指出，"注意力"是一种有限的稀缺资源，每个人只有有限的信息处理能力。一旦个体超负荷工作，就可能出现注意力缺失症状（Attention Deficit Trait），如注意力涣散以及缺乏耐心。注意力缺失症状是个体的大脑接受了太多需要分配时间和注意力的指令时做出的自然反应，当大脑超负荷运转时，个体往往会丧失解决和处理问题的能力。DeZoort 和 Lord（1997）研究发现，时间压力过大下，注册会计师往往会焦虑甚至不堪重负，继而对工作绩效造成负面影响。

Payne 等（1988）研究发现，个体在面临较大时间压力时通常会调整决策方式以适应这种环境，采取的策略包括加速信息处理过程、过滤不重要的信息、专注于处理更重要的信息以及采用耗时较少但更不准确的策略。当项目负责人认为审计项目的时间预算较为紧张时，其倾向于安排审计团队人员更多地执行期中审计，从而避免在繁忙的第一季度不能按时出具审计报告。期中审计虽然可以在一定程度上缓解签字会计师在期末的工作压力，但期中审计收集的审计证据有效性较低、确定性不足，且期中审计过的事项存在被上市公司篡改的风险；反之，期末审计过程中获得的审计证据可靠度较高且能够抑制被审计单位管理层的机会主义行为。因此，签字会计师过度繁忙将导致签字会计师更多依赖期中审计程序而降低期末审计程序的比例，这可能导致审计质量降低。

前文提到，由于客户较多，繁忙的签字会计师不得不减少每个审计项目的时间预算，除了采取期中审计缓解压力外，签字会计师及其带领的审计团队还可能缩小期末的审计测试范围，减少实质性程序，采用更多的分析性程序，并在未完成所有审计任务下提前签字。过去的实验研究也提供了时间压力导致注册会计师采取不道德行为的证据（Rhode，1978；Alderman and Deitrick，1982；Willett and Page，1996；Coram et al.，2003；Coram et al.，2004；刘成立，2008；李婉丽和仪明金，2012）。如 Rhode（1978）调查发现，近60%的注册会计师在面临时间压力的情况下曾经提前终止审计程序。Alderman 和 Deitrick（1982）研究发现，超过 20%的人相信时间预算压力会干扰正常审计程序的执行。超过 37%的注册会计师认为时间预算压力与搜集充分适当的审计证据存在冲突，并在未完成所有计划工作的情况下提前签字（Premature Sign Off）；[①]Willett 和 Page（1996）发现，时间预算压力导致的提前签字行为在非"八大"事务所中更加明显。况且，中国的法律制度和监督力度与发达国家相比还存在一定的差距，薄弱的法制环境下，签字会计师面临的法律责任较低，由于审计失败以及未勤勉尽职遭受的惩罚力度较轻，这使得签字会计师在面临时间压力下更可能采取不道德的行为。刘成立（2010）通过实验研究发现，注册会计师责任是时间压力与审计判断绩效之间关系的调节变量，当注册会计师责任较大时，时间压力对审计判断绩效的影响不显著，而当注册会计师责任较小时，时间压力对审计判断绩效造成了显著的消极影响。Caramanis 和 Lennox（2008）证明了审计师付出的努力程度与审计质量正相关。他们以 1994~2002 年希腊的上市公司为样本，使用了"审计师的工作时间"这一独特的数据研究审计师努力程度和盈余管理的关系，发现当审计时间较低时，上市公司更可能进行向上的应计盈余管理，审计师工作时间与向上的应计盈余管理显著负相关，当审计时间较短时，上市公司更可能从事盈余管理以实现微盈利。较早的分析式研究发现如 Dye（1993）和 Hillegeist（1999）认为，审计师努力工作更可能发现上市公司高估的盈余。综上，签字会计师繁忙度越高，其面临的时间预算压力越大，在法律诉讼风险较低的制度背景下，其更可能采取不道德的行为，从而导致审计质量下降。

当然，根据均衡（Equilibrium）理论，签字会计师繁忙度与审计质量、审计延迟可能并无显著关系。从收益角度看，拥有多个客户能够为签字会计师创造更多的收入，并为签字会计师的职位晋升提供帮助；从成本角度看，同时审计多家客户使签字会计师过度繁忙，签字会计师可能无法在多个项目间合理地分配时间和审计资源，同时审计客户过多使其过度疲劳，可能导致审计效率和审计质量下降，进而损害签字会计师声誉。Goodwin 和 Wu（2016）认为，签字会计师通常

---

① Raghunathan（1991）定义提前签字（Premature Sign Off）为审计人员在完成必要审计程序前提前执行签字。

会权衡收益和成本后做出最优的决策，即在承接客户的收益等于承接客户的成本时决定最优客户数量。按照均衡理论，具有行业专长的签字会计师审计能力较强，并审计较多的客户；而不具有行业专长的签字会计师审计的客户较少，他们各自承接最适数量的客户，并保障了较高的审计质量。但是现实很难达到这种理想状态。

综上可见，根据理论分析，签字会计师繁忙度与审计质量的关系并不确定，二者之间可能是正相关关系，也可能是负相关关系，甚至可能不相关，在中国特有的制度背景下，二者之间究竟呈现怎么样的关系有待实证进一步检验。

根据上文分析，面临时间压力的签字会计师会减少审计证据的收集（Coram et al.，2003；Coram et al.，2004），并在未完成全部审计任务的情况下提前签字（Rhode，1978；Alderman and Deitrick，1982；Willett and Page，1996）。签字会计师当年承接的客户数量越多，签字会计师繁忙度越高。由于时间期限固定，签字会计师繁忙度越高意味着其可以分配给每个审计项目的时间和精力越少，因此其很可能降低对每个客户的审计投入，从而较早结束审计工作以及提前签字，那么签字会计师繁忙度或与审计延迟存在负相关关系，但这并不是正常情况下审计效率较高的结果，而是面临较大时间预算压力的签字会计师主动减少审计测试范围、减少审计证据的搜集以及压缩审计时间导致的。

本书阐述了签字会计师繁忙度与审计收费之间的逻辑关系。首先需要明确的是，签字会计师的个人特征会影响到审计收费（Taylor，2011；Ittonen and Peni，2012；Zerni，2012；Goodwin and Wu，2014；Hardies et al.，2015；韩维芳，2016）。复核签字会计师（合伙人）通常要参与审计项目的谈判和签订，因此其个人特征比如声誉和社会地位会影响到审计收费的谈判和确定；待审计项目落地后，项目签字会计师及其带领的审计团队将制定审计计划并开展外勤审计工作，因而项目签字会计师能够在较大程度上决定外勤审计工作量，继而影响审计成本和审计收费（韩维芳，2016）。

一方面，签字会计师繁忙度越高，表明签字会计师的客户组合规模越大，这往往是签字会计师声誉较高的外在表现，其更可能据此制定更高的审计计费率。从审计需求的角度讲，客户也更愿意为高声誉的签字会计师支付更高的审计收费，因为聘请高声誉的签字会计师可以向资本市场传递公司会计信息质量较高的信号，从而有助于公司进行债券和股权融资，并降低债务资本成本和股权资本成本。最近的实证研究表明，资本市场的投资者能够感知签字会计师声誉对审计质量的作用。如 Gul 等（2015）研究发现，签字会计师被证监会处罚而导致声誉受损时，其审计的上市公司股价明显下降。Cahan 和 Sun（2015）发现，签字会计师工作经验与审计收费正相关，主要原因是客户能够感知经验丰富的签字会计师提供的审计服务质量更高，因而客户愿意为经验丰富的签字会计师支付更高的审计费用，而经验丰富带来的审计成本下降却没有反映到审计收费中。原因是，既然审计产品的需求者愿意给高声誉签字会计师支付溢价，那么审计成本降低的因素自然对审计收费影响有限。换言之，此时高声誉带来的溢价大于成本节约，导致审计收费更高。注册会计师的审计过程决定了审计产品的最终质量，但审计过程具有高度专业化的特征，作为消费者的上市公司往往并不能识别审计产品的质量，即使繁忙的签字会计师及其带领的审计团队在面临较大时间压力下降低了审计投入，上市公司也不能完全识别到。正是信息不对称的存在，使上市公司愿意为繁忙的签字会计师支付溢价的审计费用。因此在其他条件相同的情形下，签字会计师繁忙度的"声誉溢价"效应会导致审计收费上升。

另一方面，由于时间和精力有限，签字会计师繁忙度越高，签字会计师能够投入审计项目的时间和精力越少，审计工作量越低，审计成本越低，本书简称为"繁忙减量"。在审计单位计费不变的情况下，签字会计师繁忙度的"繁忙减量"效应会导致审计收费下降。由于审计收费同时取决于审计计费率和审计工作量，那么签字会计师繁忙度带来的"溢价收费"和"繁忙减量"程度相对高低则决定了最终的审计收费。因此，签字会计师繁忙度与审计收费之间的关系是一个经验问题，有待进一步的实证检验。

第三章　签字会计师繁忙度与
审计质量的实证检验

第一节　引　言

一直以来，注册会计师审计被认为是保证受托责任有效履行、保护资本市场参与者合法权益以及促进资本市场健康稳定发展的重要制度安排。DeAngelo (1981b) 对审计质量的定义为后续的实证审计研究奠定了基础。根据 DeAngelo (1981b) 对审计质量的定义，签字会计师的专业胜任能力和独立性是影响审计质量的两大因素。国内外文献主要从这两个方面去分析影响审计质量的因素。

与美国审计市场由国际"四大"寡头垄断截然不同的是，我国的审计市场集中度低，竞争十分激烈，审计收费明显偏低，这种现象尤其体现在"小所"中。在审计收费偏低的情况下，事务所不得不压低审计成本来保证审计项目能够获利，而制定紧张的审计时间预算是会计师事务所控制成本的重要手段。① 因此，我国的注册会计师普遍面临着巨大的时间压力（刘成立，2010）。而我国的法律制度环境较为薄弱，签字会计师面临的法律诉讼风险较低。因此，相较于成熟的资本市场，我国的签字会计师独立性较低。实务中，签字会计师的繁忙程度呈现出较大的差异，有些签字会计师在一个会计年度承接十几个客户，即表现出十分

---

① 现阶段，在规定时间内完成审计业务是评价注册会计师业绩的重要标准。

繁忙的状态；当然也有一些签字会计师表现出相反的状态，这些签字会计师只有一个客户。签字会计师繁忙度高可能是其声誉和能力的表征，但也可能导致工作压力过大，因此本章聚焦的问题是，签字会计师的繁忙度差异是否影响审计质量？且在签字会计师任期、工作经验、客户规模、签字会计师角色存在差异的情况下，二者之间的关系是否不同？

本章可能的贡献包括以下几方面：第一，目前注册会计师审计的趋势已经从事务所总所（分所）层面过渡到签字会计师层面的研究。DeFond 和 Francis（2005）、DeFond 和 Zhang（2014）强调现阶段基于签字会计师层面研究审计问题具有重要的理论意义，本书继续开展签字会计师层面的审计问题研究。第二，较早的文献主要采用实验研究法和问卷调查法研究签字会计师工作压力对审计质量的影响，而通过大样本实证研究的文献少之又少。仅有的几篇文献研究得出的结论也不尽相同（Sundgren and Svanström，2014；Goodwin and Wu，2016；Yan and Xie，2016）。那么签字会计师同时参与多个审计项目时，在工作压力降低审计质量和声誉提升审计质量两个效应的共同作用下，究竟哪个效应起主导作用是一个经验问题，本章的研究可以丰富现有文献。第三，本章进一步考虑了签字会计师个人特征（签字会计师任期、工作经验以及角色差异）以及客户特征对签字会计师繁忙度与审计质量之间关系的调节作用，丰富了该领域的研究。

第二节　理论分析与假设提出

独立董事领域的文献通常将多席位独立董事定义为繁忙独立董事（Busy Independent Director）。根据"董事声誉理论"，多席位独立董事通常表明该董事能力较强、声誉较高，因而能发挥更好的治理作用（Fama，1980；Fama and Jensen，1983）。首先，签字会计师繁忙往往是其能力的表征，因此，繁忙的签字会计师在审计计划、实施审计程序（控制测试和实质性测试）过程中更加得心应手，审计效率更高，同时能够保障更高的审计质量。其次，审计多客户的签字会计师受到媒体和投资者更多的关注，一旦发生审计失败，签字会计师面临的法律诉讼风险更高，为了回避法律诉讼，签字会计师更可能保持较高的独立性（DeAngelo，1981a）。最后，繁忙的签字会计师往往声誉更高，而声誉是签字会计师长期提供高质量审计服务积淀而成的，为了维护声誉，其更可能揭露被审计单位的造假行为，保障审计质量（Watts and Zimmerman，1983；Ball，2009）。此外，"经济依赖"可能损害签字会计师的独立性，导致审计质量下降，而签字会计师的客户组合规模越大，其更不可能对某些客户产生"经济依赖"，这有助于签字会计师保持客观性和独立性，从而提高审计质量。综上所述，签字会计师繁忙度越高，其独立性越高、专业胜任能力越强，审计质量越高。

而人的精力是有限的，从事一项工作必然减少其投入另一项工作的时间（Simon，1978）。有限注意力理论（Limited Attention Theory）指出，在繁忙的工作中，人的注意力不可避免地被分散，进而对人的决策产生负面影响（Kahneman，1973）。Payne 等（1988）研究发现，个体在面临较大时间压力时通常会调整决策方式以适应这种环境，采取的策略包括加速信息处理过程、过滤不重要的信息、专注于处理更重要的信息以及采用耗时较少但更不准确的策略。"董事繁忙假说"认为由于精力有限，繁忙的独立董事无法合理地为每个上市公司分配足够的时间，从而导致治理效应更差（Core et al.，1999；Fich and Shivdasani，2006；陆贤伟等，2012；李志辉等，2017）。

当然，繁忙的签字会计师也存在类似的问题。[①] 首先，我国的上市公司资产负债表日皆为 12 月 31 日，且所有上市公司必须在 4 月底前公开披露审计报告，即签字会计师面临严峻的时间期限压力，即使签字会计师可以在资产负债表日前执行一些期中审计程序，大量的实质性测试仍然发生在资产负债表日后，因此我国的签字会计师普遍面临较大的时间预算压力（刘成立，2010）。而审计多客户的繁忙签字会计师面临的时间预算压力更大。过去的实验研究表明，个体在面临较大时间压力时，往往会加快决策速度，采取的策略包括缩小信息搜索

---

① 当然，就工作性质而言，独立董事和签字会计师还存在一定的差异。独立董事通常在其他地方有全职工作，独立董事身份通常只是他们的兼职；而审计服务是签字会计师的全职工作。从这个意义上讲，多席位独立董事的繁忙程度可能大于拥有多客户的签字会计师。

范围（Janis，1983；Svenson and Maule，1993）、采取耗时更少但更不准确的方法（Payne，1976；Payne et al.，1988）、集中注意力处理自己认为重要的事项（Payne et al.，1988；Svenson and Maule，1993）等。因此，在严峻的时间预算压力下，签字会计师不得不采取一定的控制手段，如不合理地延长审计工作时间、过度地信赖被审计单位的内部控制质量而降低实质性测试范围、采用更多的分析性测试以代替详细测试等，从而威胁到审计质量。即使事务所增加项目团队成员，或者分配更多子项目给其他签字会计师，但他们仍然需要额外增加与其他签字会计师和团队成员沟通与协调的时间（Goodwin and Wu，2016）。[①] 实验研究表明，审计团队面临的时间预算压力过大会限制注册会计师保持应有的职业怀疑态度以及批判性地评价审计证据（Nelson，2009）。Coram 等（2003）发现，时间预算压力导致签字会计师不合理地减少审计证据的搜集。Rhode（1978）发现，大约有 60% 的注册会计师在职业生涯中曾经提前终止审计，原因是时间压力限制了注册会计师正常工作的开展。Ragunathan（1991）、Willett 和 Page（1996）也得到了类似的结论。实证研究表明，审计师工作时间与审计质量正相关，而审计投入不足会导致审计质量下降（Caramanis and Lennox，2008）。Sundgren 和 Svanström（2014）基于瑞典的上市公司，实证研究发现，签字会计师年度审计的客户数量越多，审计质量越低。Yan 和 Xie（2016）基于中国特殊的制度背景，实证研究发现，在签字会计师轮换当年，工作压力会导致审计质量显著下降。Goodwin 和 Wu（2016）以澳大利亚上市公司为样本，实证研究发现，虽然总体而言签字会计师繁忙度对审计质量没有显著影响，但在均衡状态被破坏时，签字会计师繁忙导致审计质量下降。除此以外，根据"职业倦怠理论"（Maslach and Jackson，1981），工作压力过大易使个体表现出情感衰竭、疏离和低职业效能感等身体、心理与行为的综合症状，继而导致个体的工作绩效下降。同理，Sweeney 和 Summers（2002）通过实验研究发现，注册会计师面临的时间限制和工作压力会造成职业倦怠，进而对签字会计师身体和心理造成负面影响，导致审计质量下降。

综上所述，签字会计师繁忙度与审计质量的关系并不确定，二者之间可能是

---

① 我国的审计市场普遍存在"低价竞争"现象，事实上，过低的审计收费限制了审计项目团队的扩大。

正相关关系，也可能是负相关关系。因此，本章提出竞争性 H3-1a 和 H3-1b：

H3-1a：在其他条件相同的情况下，签字会计师繁忙度与审计质量正相关。

H3-1b：在其他条件相同的情况下，签字会计师繁忙度与审计质量负相关。

第三节　研究设计

一、数据来源与样本说明

本章以中国 2007~2015 年 A 股上市公司为研究对象，并对样本做如下筛选：①剔除金融保险业的样本；②剔除 ST、*ST 的样本；③剔除存在缺失值的样本；④对连续变量在 1% 和 99% 分位点进行了缩尾处理（Winsorize）。本章的签字会计师名称主要来自国泰安数据库（CSMAR），并通过手工查找对错误和缺失的信息进行更正和补漏，具体包括签字会计师姓名遗失、签字会计师姓名书写错误以及两名签字会计师位置颠倒。签字会计师的个人特征数据主要来自于中注协网站，并通过台湾经济新报数据库（TEJ）以及互联网进行手工补充查找得到。其他的数据来源于国泰安数据库（CSMAR）。

二、模型构建和变量定义

借鉴 Sundgren 和 Svanström（2014）、Yan 和 Xie（2016），构架模型（3-1）：

$$ARA = \beta_0 + \beta_1 APB + \sum_{i=1}^{n} \beta_{i+1} X_{i+1} + \varepsilon \qquad (3\text{-}1)$$

（一）被解释变量

本章用审计报告激进度（ARA）作为审计质量的替代变量。[1] 借鉴 Gul 等

---

① 稳健性检验中，用非标准审计意见作为审计质量的替代指标。当签字会计师出具的审计意见为：带强调事项段的无保留意见、保留意见、无法表示意见以及否定意见时，OPINION 为 1；否则，OPINION 为 0。

（2013）、张兆国等（2014）的方法，首先对模型（3-2）分年度做 Logistics 回归，估计模型中 OPINION 的拟合值，该拟合值代表签字会计师发布非标准审计意见的合理概率（P）；其次用 P 减去 OPINION 即为审计报告激进度（ARA），ARA 越大意味着签字会计师实际发表非标准审计意见的概率更低，审计质量越低。模型（3-2）中的其他变量分别为：速动比例（QUICK）、应收账款比例（AR）、其他应收款比例（OTHER）、存货比例（INV）、资产报酬率（ROA）、是否亏损（LOSS）、资产负债率（LEV）、公司规模（SIZE）、公司上市年数（AGE）以及行业（IND），模型（3-2）中所有连续变量都在上下 1% 的水平上进行了缩尾处理。

$$OPINION = \alpha_0 + \alpha_1 QUICK + \alpha_2 AR + \alpha_3 OTHER + \alpha_4 INV + \alpha_5 ROA + \alpha_6 LOSS +$$

$$\alpha_7 LEV + \alpha_8 SIZE + \alpha_9 AGE + \sum IND + \varepsilon \qquad (3-2)$$

（二）解释变量

借鉴前人文献，使用两名签字会计师当年所审计客户的总资产的平均值（APB_A）和两名签字会计师当年所审计的客户数量的平均值（APB_N）来衡量签字会计师繁忙程度（Sundgren and Svanström，2014；Yan and Xie，2016）。[①]

（三）控制变量

控制变量的选取借鉴 Sundgren 和 Svanström（2014）、Yan 和 Xie（2016），具体定义如表 3-1 所示。

表 3-1　变量定义

变量类型		变量名称	变量符号	变量说明
被解释变量		审计质量	ARA	审计报告激进度
解释变量		签字会计师繁忙度	APB_A、APB_N	详见第二章式（2-13）、式（2-14）
控制变量	公司特征变量	公司规模	SIZE	总资产的自然对数
		资产负债率	LEV	负债/总资产
		总资产收益率	ROA	净利润/总资产

---

① 有很少一部分公司当年度存在三个签字会计师（占总样本比重为 2.8%），因此，这里基于前两名签字会计师计算工作繁忙度。

续表

变量类型		变量名称	变量符号	变量说明
控制变量	公司特征变量	公司成长性	GROWTH	(当年营业收入–去年营业收入）/去年营业收入
		账市比	B/M	账面价值/市场价值
		独立董事比例	INDEP	独立董事人数/董事会人数
		两职合一	DUALITY	虚拟变量，当董事长和总经理为同一个人时，DUALITY 为 1；否则，DUALITY 为 0
		是否亏损	LOSS	虚拟变量，若公司当年亏损，则 LOSS 为 1；否则，LOSS 为 0
		产权性质	STATE	虚拟变量，若公司为国有企业，则 STATE 为 1；否则，STATE 为 0
	事务所特征变量	事务所规模	BIG4	若上市公司由国际"四大"审计时，BIG4 为 1；否则，BIG4 为 0
		事务所任期	TENURE_F	会计师事务所连续审计的年数
	签字会计师特征变量	签字会计师任期	TENURE_A	两名签字会计师连续审计年数的平均值[①]
		签字会计师性别	GENDER	若两名签字会计师中有一名为女性，则 GENDER 为 1；否则，GENDER 为 0
		签字会计师学历	DEGREE	定义硕士及博士为高学历，当两名签字会计师中有一名为高学历时，DEGREE 为 1；否则，DEGREE 为 0
	其他	年度	YEAR	年度，虚拟变量
		行业	IND	行业，虚拟变量

① 这里的任期是连续计算的结果，即针对前任签字会计师在轮换后若干年又回审老客户的情况，本书在计算回审老客户的签字会计师任期时，包括了轮换之前审计该客户的年度，以更加准确地反映签字会计师对客户的熟悉程度。

第四节　实证结果和分析

一、样本分年度和分行业统计

表 3-2 是本章样本的年度分布情况，样本大致呈现出逐年递增的趋势。表 3-3 是本章样本的行业分布情况，需要指出的是，本章的行业分类是根据证监会 2012 年发布的《上市公司行业分类指引》，借鉴前人经验，制造业采用 2 位，其他行业采用 1 位，在剔除金融保险业（代码为 J）后，共包含了 21 个行业。可以看出制造业的样本数超过总样本的一半。

表 3-2　样本分年度统计

年份	样本数	样本占比（%）	累计占比（%）
2007	1142	7.20	7.20
2008	1278	8.06	15.26
2009	1368	8.63	23.89
2010	1477	9.31	33.20
2011	1796	11.32	44.52
2012	2140	13.49	58.02
2013	2239	14.12	72.14
2014	2180	13.75	85.88
2015	2239	14.12	100.00
总计	15859	100.00	

表 3-3　样本分行业统计

行业	样本数	样本占比（%）	累计占比（%）
A	280	1.77	1.77
B	411	2.59	4.36
C1	1174	7.40	11.76

续表

行业	样本数	样本占比（%）	累计占比（%）
C2	2975	18.76	30.52
C3	5535	34.90	65.42
C4	290	1.83	67.25
D	594	3.75	70.99
E	398	2.51	73.50
F	983	6.20	79.70
G	586	3.70	83.40
H	74	0.47	83.86
I	767	4.84	88.70
K	896	5.65	94.35
L	177	1.12	95.47
M	69	0.44	95.90
N	141	0.89	96.79
O	34	0.21	97.00
P	4	0.03	97.03
Q	19	0.12	97.15
R	132	0.83	97.98
S	320	2.02	100.00
总计	15859	100.00	

二、描述性统计和相关性系数分析

表 3-4 是本章主要变量的描述性统计。如表 3-4 所示，ARA 的平均值为 0.004，标准差为 0.155，中位数为 0.018。APB_N 的平均值为 3.026，即签字会计师每年平均审计约 3 家上市公司；APB_N 的最大值为 13.500，表明签字会计师在一个会计年度内最多审计约 14 家上市公司。[①] BIG4 的平均值为 0.060，即"四大"审计的公司占全样本的 6.0%。TENURE_F 的平均值为 6.773，最大值为 24，

---

① 这里指的是两名签字会计师当年审计上市公司数量的平均值。

表明事务所的平均审计任期约为 7 年，最长的审计任期为 24 年。TENURE_A 的平均值为 2.928，即签字会计师的平均审计任期约为 3 年；TENURE_A 的最大值为 12.500，即签字会计师的审计任期最长约为 13 年。GENDER 的平均值为 0.507，表明有女性签字会计师参与审计的上市公司约占全样本的一半。DEGREE 的平均值为0.252，表明有高学历签字会计师参与审计的上市公司约占全样本的 1/4。STATE 的平均值为 0.439，表明样本中有 43.9% 的公司为国有企业。LOSS 的平均值为0.093，表明样本中有 9.3% 的公司当年亏损。

表 3-4 描述性统计

	样本数	平均值	标准差	最小值	中位数	最大值
ARA	15859	0.004	0.155	−0.874	0.018	0.295
APB_A	15859	65.790	35.730	18.920	56.230	285.000
APB_N	15859	3.026	1.667	1	2.500	13.500
SIZE	15859	21.900	1.270	19.250	21.730	25.780
LEV	15859	0.449	0.216	0.045	0.449	0.954
ROA	15859	0.040	0.054	−0.183	0.036	0.209
GROWTH	15859	0.250	0.695	−0.692	0.124	5.076
B/M	15859	0.893	0.851	0.084	0.612	4.768
INDEP	15859	0.369	0.052	0.300	0.333	0.571
DUALITY	15859	0.218	0.413	0	0	1
LOSS	15859	0.093	0.291	0	0	1
STATE	15859	0.439	0.496	0	0	1
BIG4	15859	0.060	0.237	0	0	1
TENURE_F	15859	6.773	4.955	1	5	24
TENURE_A	15859	2.928	1.701	1	2.500	12.500
GENDER	15859	0.507	0.500	1	1	1
DEGREE	15859	0.252	0.434	0	0	1

表 3-5 是本章主要变量的 Pearson 相关性系数，ARA 与 APB_A、APB_N 的相关性系数分别为 0.030 和 0.032，且在 1% 水平上显著，这初步验证了本章 H3-1b，即签字会计师繁忙度与审计质量显著负相关，签字会计师繁忙的"压力效应"占主导作用。另外，本章也检查了多元回归结果后各个变量的 VIF 值，所有

表3-5 相关性系数

	ARA	APB_A	APB_N	SIZE	LEV	ROA	GROWTH	B/M	INDEP	DUALITY	LOSS	STATE	BIG4	TENURE_F	TENURE_A	GENDER	DEGREE
ARA	1																
APB_A	0.030***	1															
APB_N	0.032***	0.998***	1														
SIZE	-0.039***	-0.088***	-0.131***	1													
LEV	0.051***	-0.063***	-0.077***	0.391***	1												
ROA	-0.033***	0.050***	0.048***	0.029***	-0.378***	1											
GROWTH	0.002	-0.008	-0.010	0.043***	0.048***	0.123***	1										
B/M	0.043***	-0.067***	-0.091***	0.598***	0.511***	-0.248***	-0.036***	1									
INDEP	-0.016*	-0.014	-0.016*	0.031***	-0.021***	-0.0120	0.028***	0.015*	1								
DUALITY	-0.007	0.052***	0.059***	-0.164***	-0.145***	0.039***	-0.003	-0.137***	0.091***	1							
LOSS	0.020*	-0.023***	-0.018*	-0.093***	0.188***	-0.609***	-0.095***	0.061***	0.002	-0.015*	1						
STATE	0.033***	-0.105***	-0.119***	0.333***	0.241***	-0.076***	-0.030***	0.270***	-0.053***	-0.255***	0.017*	1					
BIG4	-0.057***	-0.171***	-0.193***	0.387***	0.087***	0.046***	-0.022***	0.180***	0.041***	-0.073***	-0.027***	0.138***	1				
TENURE_F	0.048***	0.097***	0.090***	0.152***	0.163***	-0.059***	-0.061***	0.126***	-0.008	-0.109***	0.020***	0.165***	-0.033***	1			
TENURE_A	0.028***	0.137***	0.132***	0.111***	0.114***	-0.036***	-0.032***	0.074***	-0.008	-0.082***	0.011	0.102***	-0.079***	0.581***	1		
GENDER	-0.006	-0.096***	-0.097***	0.022***	-0.017*	0.024***	-0.006	-0.006	0.020*	-0.014*	-0.020**	0.030***	0.082***	0.038***	0.015*	1	
DEGREE	0.010	0.012	0.010	0.019***	0.006	0.016*	-0.003	0.022***	-0.009	-0.029***	-0.020**	0.034***	0.028***	-0.006	0.007	-0.014*	1

注:***、**和*分别表示在1%、5%和10%水平上显著。

回归变量的 VIF 值都小于 5，VIF 的平均值小于 2，也表明回归不存在严重的多重共线性问题。

三、多元线性回归分析

表 3-6 是多元线性回归的结果，APB_A 和 APB_N 的系数分别为 0.0001 和 0.0023，都在 1%的统计水平上显著为正，即在其他条件相同的情况下，审计质量随着签字会计师繁忙度的增加而降低。结果验证了签字会计师繁忙的"压力效应"占主导作用。在有限的年审时间下，审计多客户的签字会计师面临更严峻的时间压力，此时签字会计师会减少对每个客户的审计时间和精力，或者采取耗时较少但更不准确的审计策略（如缩小审计测试范围、减少实质性测试、采取更多的分析性测试等），进而导致审计质量下降。其余控制变量中，国际"四大"（BIG4）与审计报告激进度呈显著负相关关系，表明国际"四大"（BIG4）出具的审计报告激进度较低，审计质量较高。事务所任期（TENURE_F）与审计报告激进度呈显著正相关关系，表明事务所任期越长，审计师与客户之间的关系越密切，审计师此时更可能对客户的错报和漏报保持容忍态度，从而出具的审计报告更加激进，审计质量更低。其他回归变量的统计显著性与张兆国等（2014）、闫焕民和谢盛纹（2016）基本一致，这里不再赘述。

表 3-6　签字会计师繁忙度与审计质量

	(1)	(2)
	ARA	ARA
APB_A	0.0001*** (2.98)	
APB_N		0.0023*** (2.99)
SIZE	−0.0162*** (−10.72)	−0.0161*** (−10.64)
LEV	0.0383*** (5.06)	0.0382*** (5.06)
ROA	0.0687** (2.15)	0.0687** (2.15)

续表

	（1）	（2）
	ARA	ARA
GROWTH	0.0020 (1.12)	0.0020 (1.12)
B/M	0.0215*** (9.43)	0.0214*** (9.43)
INDEP	−0.0286 (−1.20)	−0.0286 (−1.20)
DUALITY	0.0008 (0.27)	0.0008 (0.27)
LOSS	0.0033 (0.61)	0.0033 (0.61)
STATE	0.0125*** (4.41)	0.0126*** (4.41)
BIG4	−0.0204*** (−3.51)	−0.0203*** (−3.48)
TENURE_F	0.0014*** (4.42)	0.0014*** (4.42)
TENURE_A	−0.0005 (−0.50)	−0.0005 (−0.51)
GENDER	0.0003 (0.11)	0.0003 (0.11)
DEGREE	0.0037 (1.30)	0.0037 (1.30)
CONS	0.3195*** (9.57)	0.3169*** (9.48)
年度	控制	控制
行业	控制	控制
N	15859	15859
调整的 R^2	0.0166	0.0166
F 值	7.235***	7.236***

注：***、** 和 * 分别表示在 1%、5% 和 10% 水平上显著。

四、进一步研究

（一）签字会计师繁忙度、签字会计师轮换与审计质量

政策制定者认为签字会计师轮换可以避免客户与签字会计师之间的关系过于密切，有助于保持签字会计师的客观性和独立性。但是，签字会计师轮换导致"客户层面审计专长"丢失，同样是一个不可回避的问题。Daugherty 等（2012）采用访谈的方式，了解合伙人对强制轮换签字会计师制度以及冷冻期的看法。结果显示：①轮换当年签字会计师的负担更重；②轮换降低了签字会计师在客户层面的审计专长，签字会计师审计新客户往往需要 2~3 年的适应期，轮换导致签字会计师的审计效率下降；③部分合伙人认为签字会计师对新客户审计 3 年以上才能达到熟悉的程度；④还有合伙人认为，即使审计的新客户同属于一个行业，依然难以保证初期的审计质量，这是因为同行业的不同公司在信息技术、财务报告过程、员工、公司治理等方面存在重要差异。实证研究表明，签字会计师在客户层面的审计专长随着审计任期的增加而提升，因而审计效率和审计质量随之提升（Chen et al.，2008；Litt et al.，2014；刘启亮和唐建新，2009；薛爽等，2012）。前文发现，签字会计师繁忙导致审计质量降低，即"压力效应"占主导作用。那么，预期在"换师"的公司中，由于签字会计师对客户更不熟悉，审计效率更低，签字会计师繁忙度对审计质量的消极影响会更加明显。

为了验证以上推论，这里根据是否同时轮换两名签字会计师（ST）将全样本分为两组，分别对模型（3-1）进行回归。其中，发生两名签字会计师轮换时，ST 为 1；否则，ST 为 0。另外，这里还设计交叉项（APB_A × ST 和 APB_N × ST），以检验组间系数差异。检验结果呈现在表 3-7 中。列（1）、列（2）、列（4）和列（5）中，APB_A 和 APB_N 的系数都显著为正，结果表明不论是否"换师"，签字会计师繁忙都会对审计质量造成消极影响；组间系数差异检验结果显示，解释变量（APB_A 和 APB_N）的组间系数存在显著差异。同时，列（3）和列（6）的交叉项 APB_A × ST 和 APB_N × ST 系数也显著为正。以上结果证明，签字会计师轮换在签字会计师繁忙度与审计质量之间发挥着调节作用，具体地，在签字会计师轮换的样本中，签字会计师繁忙度对审计质量的消极影响更加显著，即在"换

表3-7 签字会计师繁忙度、签字会计师轮换与审计质量

	(1)	(2)	(3)	(4)	(5)	(6)
	ARA	ARA	ARA	ARA	ARA	ARA
	"换师"	"不换师"	全样本	"换师"	"不换师"	全样本
APB_A	0.0003*** (2.94)	0.0001** (1.98)	0.0001** (1.97)			
SUREST	chi2(1) = 4.78**					
ST			−0.0177** (−2.44)			
APB_A×ST			0.0002** (2.27)			
APB_N				0.0074*** (2.98)	0.0016** (1.96)	0.0016** (2.00)
SUREST				chi2(1) = 4.91**		
ST						−0.0172** (−2.39)
APB_N×ST						0.0049** (2.21)
SIZE	−0.0125*** (−2.82)	−0.0170*** (−10.60)	−0.0163*** (−10.75)	−0.0122*** (−2.74)	−0.0169*** (−10.55)	−0.0162*** (−10.68)
LEV	0.0092 (0.42)	0.0434*** (5.40)	0.0383*** (5.07)	0.0092 (0.43)	0.0434*** (5.40)	0.0383*** (5.08)
ROA	0.2069** (2.25)	0.0401 (1.18)	0.0689** (2.16)	0.2065** (2.24)	0.0402 (1.19)	0.0688** (2.16)
GROWTH	0.0056 (1.35)	0.0008 (0.38)	0.0021 (1.12)	0.0056 (1.36)	0.0008 (0.38)	0.0021 (1.13)
B/M	0.0239*** (3.42)	0.0209*** (8.73)	0.0214*** (9.40)	0.0239*** (3.42)	0.0209*** (8.72)	0.0214*** (9.39)
INDEP	−0.1519** (−2.16)	−0.0051 (−0.20)	−0.0282 (−1.18)	−0.1518** (−2.16)	−0.0051 (−0.20)	−0.0282 (−1.19)
DUALITY	0.00510 (0.55)	−0.0000 (−0.01)	0.0009 (0.29)	0.0051 (0.55)	−0.0000 (−0.01)	0.0009 (0.28)
LOSS	0.0124 (0.78)	0.0026 (0.46)	0.0033 (0.62)	0.0123 (0.77)	0.0026 (0.46)	0.0033 (0.62)
STATE	0.0284*** (3.28)	0.0105*** (3.49)	0.0127*** (4.46)	0.0286*** (3.29)	0.0105*** (3.49)	0.0127*** (4.46)
BIG4	−0.0214 (−1.38)	−0.0200*** (−3.19)	−0.0199*** (−3.43)	−0.0209 (−1.35)	−0.0199*** (−3.18)	−0.0197*** (−3.40)

续表

	(1)	(2)	(3)	(4)	(5)	(6)
	ARA	ARA	ARA	ARA	ARA	ARA
	"换师"	"不换师"	全样本	"换师"	"不换师"	全样本
TENURE_F	0.0023**	0.0012***	0.0013***	0.0023**	0.0012***	0.0013***
	(2.29)	(4.08)	(4.54)	(2.29)	(4.09)	(4.54)
GENDER	−0.0011	0.0001	0.0003	−0.0011	0.0001	0.0003
	(−0.15)	(0.04)	(0.12)	(−0.15)	(0.04)	(0.12)
DEGREE	0.0027	0.0040	0.0036	0.0028	0.0040	0.0036
	(0.32)	(1.33)	(1.27)	(0.33)	(1.34)	(1.28)
CONS	0.2939***	0.3271***	0.3225***	0.2850***	0.3254***	0.3197***
	(3.01)	(9.24)	(9.66)	(2.91)	(9.18)	(9.56)
年度	控制	控制	控制	控制	控制	控制
行业	控制	控制	控制	控制	控制	控制
N	2280	13579	15859	2280	13579	15859
调整的 R^2	0.0183	0.0179	0.0169	0.0184	0.0179	0.0169
F 值	2.037***	6.880***	7.205***	2.043***	6.878***	7.199***

注: ***、** 和 * 分别表示在 1%、5% 和 10% 水平上显著。

师"当年,签字会计师对客户的不熟悉加剧了签字会计师繁忙的"压力效应"。

基于稳健性的考虑,本章进一步验证签字会计师任期①对签字会计师繁忙度与审计质量之间关系的调节作用。首先,计算年度行业内签字会计师任期的中位数,若签字会计师任期大于该中位数,则样本为长任期样本(LT=1);否则,为短任期样本(LT=0)。其次,在长任期样本和短任期样本中分别对模型(3-1)进行回归,检验签字会计师繁忙度与审计质量之间的关系。最后,为了检验组间系数差异,这里设置了交叉项 LT × APB_A 和 LT × APB_N。检验的结果如表 3-8 所示。

如表 3-8 所示,在列(1)和列(4)中,签字会计师繁忙度(APB_A、APB_N)与审计质量之间的关系不显著,即在签字会计师任期较长时,签字会计师繁忙度不会导致审计质量明显降低,这主要是因为即使签字会计师繁忙度较高

---

① 这里的签字会计师任期为复核签字会计师任期和项目签字会计师任期的平均值。

表 3-8 签字会计师繁忙度、签字会计师任期与审计质量

	（1）	（2）	（3）	（4）	（5）	（6）
	ARA	ARA	ARA	ARA	ARA	ARA
	长任期	短任期	全样本	长任期	短任期	全样本
APB_A	0.0000 (0.94)	0.0002*** (3.51)	0.0002*** (3.41)			
LT			0.0115** (2.17)			0.0114** (2.17)
LT×APB_A			−0.0001** (−2.03)			
APB_N				0.0008 (0.89)	0.0046*** (3.57)	0.0041*** (3.41)
LT×APB_N						−0.0001** (−2.03)
SIZE	−0.0211*** (−10.84)	−0.0096*** (−3.99)	−0.0163*** (−10.73)	−0.0211*** (−10.82)	−0.0094*** (−3.89)	−0.0161*** (−10.58)
LEV	0.0400*** (4.10)	0.0350*** (2.93)	0.0381*** (5.04)	0.0400*** (4.10)	0.0350*** (2.93)	0.0381*** (5.04)
ROA	0.0390 (0.95)	0.1198** (2.37)	0.0683** (2.14)	0.0390 (0.95)	0.1197** (2.37)	0.0683** (2.14)
GROWTH	0.0043* (1.71)	−0.0003 (−0.11)	0.0021 (1.13)	0.0043* (1.71)	−0.0003 (−0.11)	0.0021 (1.13)
B/M	0.0259*** (9.09)	0.0147*** (3.90)	0.0214*** (9.39)	0.0259*** (9.09)	0.0147*** (3.90)	0.0214*** (9.39)
INDEP	0.0062 (0.21)	−0.0741* (−1.91)	−0.0289 (−1.22)	0.0062 (0.21)	−0.0741* (−1.91)	−0.0289 (−1.22)
DUALITY	0.0019 (0.47)	0.0006 (0.13)	0.0009 (0.29)	0.0019 (0.47)	0.0006 (0.13)	0.0009 (0.29)
LOSS	−0.0045 (−0.66)	0.0167* (1.89)	0.0033 (0.60)	−0.0045 (−0.66)	0.0167* (1.89)	0.0033 (0.60)
STATE	0.0084** (2.37)	0.0197*** (4.19)	0.0127*** (4.45)	0.0084** (2.36)	0.0198*** (4.21)	0.0127*** (4.46)
BIG4	−0.0205** (−2.57)	−0.0237*** (−2.76)	−0.0198*** (−3.41)	−0.0205** (−2.57)	−0.0234*** (−2.72)	−0.0195*** (−3.36)
TENURE_F	0.0008** (2.22)	0.0022*** (4.37)	0.0012*** (4.28)	0.0008** (2.23)	0.0022*** (4.37)	0.0012*** (4.29)
GENDER	0.0000 (0.00)	0.0009 (0.24)	0.0003 (0.12)	−0.0000 (−0.00)	0.0009 (0.24)	0.0003 (0.11)

续表

	（1）	（2）	（3）	（4）	（5）	（6）
	ARA	ARA	ARA	ARA	ARA	ARA
	长任期	短任期	全样本	长任期	短任期	全样本
DEGREE	0.0050 (1.39)	0.0017 (0.37)	0.0037 (1.30)	0.0050 (1.40)	0.0017 (0.37)	0.0037 (1.31)
CONS	0.4189*** (9.73)	0.1838*** (3.45)	0.3136*** (9.35)	−0.0211*** (−10.82)	−0.0094*** (−3.89)	−0.0161*** (−10.58)
年度	控制	控制	控制	控制	控制	控制
行业	控制	控制	控制	控制	控制	控制
N	9160	6699	15859	9160	6699	15859
调整的 R^2	0.0220	0.0145	0.0168	0.0220	0.0145	0.0168
F 值	5.902***	3.402***	7.176***	5.900***	3.411***	7.177***

注：***、** 和 * 分别表示在 1%、5% 和 10% 水平上显著。

导致签字会计师对每个客户付出的审计时间下降，但是审计任期较长的签字会计师对被审计单位更加熟悉，审计效率更高，这使他们能够在较短的时间完成必要的审计程序，从而确保了应有的审计质量。而在列（2）和列（5）中，签字会计师繁忙度（APB_A、APB_N）与审计质量之间的关系呈显著负相关关系，即在任期较短时，签字会计师繁忙度越大，审计质量越低，验证了"压力效应"。列（3）和列（6）中的交叉项（LT×APB_A 和 LT×APB_N）显著为负，进一步验证了签字会计师任期对签字会计师繁忙度与审计质量之间关系的调节作用。

（二）签字会计师繁忙度、工作经验与审计质量

"干中学"理论（Learning by Doing）认为，增加工作经验可以降低工作成本，并提高工作绩效（Arrow，1962；Anzai and Simon，1979）。研究表明，有经验的人往往更能够搜索有用的线索（Brucks，1985）和抓住有用的信息（Chiesi et al.，1979）。实证研究也发现，工作经验有助于提高签字会计师发现错报和漏报的能力（Tubbs，1992；Hammersley，2006）。Kaplan 等（2008）检验了审计师工作经验是否能够显著影响审计师依赖管理层提供的信息，他们发现，有工作经验的审计师更能抵制管理层的劝说企图。Shelton（1999）研究发现，审计工作经验可以减少无关信息对审计判断的影响。Spiker（1995）采用实验研究法，研究

税务人员面临的时间预算压力以及工作经验对工作绩效的影响，发现工作经验在时间预算压力与工作绩效之间发挥着调节作用。综上所述，签字会计师的工作经验可以提高审计工作效率，进而提高审计质量。前文指出，签字会计师过度繁忙导致其分配到各个审计项目的审计时间和精力明显不足，影响签字会计师工作的开展，进而导致审计质量下降。那么，签字会计师工作经验是否能够缓解繁忙签字会计师审计时间受限对审计质量的负面影响呢？

为了回答上述问题，首先，计算出年度行业内签字会计师工作经验的中位数，将大于该中位数的定义为工作经验较为丰富的签字会计师；反之，则是工作经验较为欠缺的签字会计师。[①] 其次，将全样本分为工作经验较为丰富的签字会计师审计的公司和工作经验较为欠缺的签字会计师审计的公司，并分别进行回归。最后，这里设置了交叉项 APB_A×EXP 和 APB_N×EXP，用以检验组间系数差异。检验的结果如表 3-9 所示。

表 3-9 签字会计师繁忙度、工作经验与审计质量

	(1)	(2)	(3)	(4)	(5)	(6)
	ARA	ARA	ARA	ARA	ARA	ARA
	经验丰富	经验欠缺	全样本	经验丰富	经验欠缺	全样本
APB_A	0.0000 (1.11)	0.0002*** (2.58)	0.0002*** (2.90)			
EXP			0.0154** (2.54)			0.0149** (2.48)
APB_A×EXP			−0.0002** (−2.20)			
APB_N				0.0011 (1.11)	0.0050*** (2.59)	0.0051*** (2.84)
APB_N×EXP						−0.0043** (−2.13)
SIZE	−0.0201*** (−9.69)	−0.0124*** (−5.56)	−0.0162*** (−10.70)	−0.0200*** (−9.66)	−0.0121*** (−5.45)	−0.0161*** (−10.61)

① 由于中国的审计报告通常由两名签字会计师签字，所以这里的签字会计师工作经验是指两名签字会计师工作经验的平均值。借鉴前人的文献，签字会计师工作经验用签字会计师在会计年度之前签过的审计报告数量代替，由于我国在 1999 年底完成了事务所脱钩改制，因此本书从 2000 年开始计算签字会计师工作经验。

续表

	(1)	(2)	(3)	(4)	(5)	(6)
	ARA	ARA	ARA	ARA	ARA	ARA
	经验丰富	经验欠缺	全样本	经验丰富	经验欠缺	全样本
LEV	0.0552*** (5.48)	0.0187* (1.65)	0.0384*** (5.08)	0.0552*** (5.48)	0.0187* (1.65)	0.0384*** (5.08)
ROA	0.0087 (0.21)	0.1292*** (2.66)	0.0687** (2.15)	0.0087 (0.21)	0.1291*** (2.66)	0.0686** (2.15)
GROWTH	0.0045* (1.80)	0.0002 (0.07)	0.0020 (1.11)	0.0045* (1.80)	0.0002 (0.07)	0.0020 (1.11)
B/M	0.0216*** (6.70)	0.0209*** (6.44)	0.0214*** (9.40)	0.0216*** (6.70)	0.0209*** (6.44)	0.0214*** (9.41)
INDEP	−0.0598* (−1.85)	0.0034 (0.10)	−0.0281 (−1.18)	−0.0598* (−1.85)	0.0034 (0.10)	−0.028 (−1.18)
DUALITY	−0.0035 (−0.86)	0.0051 (1.08)	0.0008 (0.25)	−0.0035 (−0.86)	0.0051 (1.07)	0.0008 (0.25)
LOSS	0.0045 (0.64)	0.0038 (0.47)	0.0033 (0.62)	0.0046 (0.64)	0.0038 (0.47)	0.0033 (0.62)
STATE	0.0128*** (3.37)	0.0133*** (3.09)	0.0126*** (4.42)	0.0128*** (3.38)	0.0133*** (3.10)	0.0126*** (4.43)
BIG4	−0.0010 (−0.08)	−0.0289*** (−4.04)	−0.0188*** (−3.22)	−0.0009 (−0.07)	−0.0287*** (−3.99)	−0.0185*** (−3.15)
TENURE_F	0.0008* (1.94)	0.0020*** (4.07)	0.0014*** (4.28)	0.0008* (1.94)	0.0020*** (4.07)	0.0014*** (4.28)
TENURE_A	−0.0012 (−1.08)	0.0021 (1.22)	−0.0006 (−0.69)	−0.0012 (−1.08)	0.0021 (1.21)	−0.0006 (−0.70)
GENDER	0.0015 (0.46)	−0.0008 (−0.20)	0.0003 (0.13)	0.0015 (0.47)	−0.0008 (−0.21)	0.0003 (0.13)
DEGREE	0.0045 (1.20)	0.0022 (0.52)	0.0035 (1.24)	0.0045 (1.20)	0.0022 (0.52)	0.0035 (1.25)
CONS	0.4156*** (9.08)	0.2192*** (4.48)	0.3122*** (9.31)	0.4143*** (9.03)	0.2138*** (4.35)	0.3091*** (9.19)
年度	控制	控制	控制	控制	控制	控制
行业	控制	控制	控制	控制	控制	控制
N	8098	7761	15859	8098	7761	15859
调整的 R²	0.0200	0.0152	0.0169	0.0200	0.0152	0.0169
F 值	4.841***	3.787***	7.059***	4.842***	3.788***	7.053***

注：***、** 和 * 分别表示在 1%、5% 和 10% 水平上显著。

如表3-9所示，列（1）和列（4）显示在工作经验丰富的签字会计师审计的公司中，APB_A和APB_N的系数为正但不显著，表明丰富的工作经验可以弥补签字会计师审计时间不足所导致的负面影响。在列（2）和列（5）中，签字会计师繁忙度（APB_A和APB_N）与审计质量呈显著负相关关系，即在工作经验欠缺的签字会计师审计的公司中，签字会计师繁忙度越高，审计质量越低。在列（3）和列（6）中，交叉项APB_A×EXP和APB_N×EXP的系数显著为负，即签字会计师工作经验确实能够发挥调节作用，缓解签字会计师繁忙度对审计质量的负面影响。

（三）签字会计师繁忙度、客户规模与审计质量

事实上，多席位独立董事对任职公司投入的时间和精力取决于公司特征（Masulis and Mobbs，2014；全怡和陈冬华，2016；谢雅璐，2016；谢诗蕾等，2016），多席位独立董事往往投入更多的时间和精力到高声誉公司，且监督效果更好。

Kahaneman（1973）指出，注意力是个体的稀缺资源，当个体需要执行多项任务时，个体会将有限的注意力分配到不同的任务中，而更多的注意力将被分配到个体认为重要的任务中。Payne等（1988）研究发现，个体在面临较大时间压力时通常会调整决策方式以适应这种环境，采取的策略包括专注于处理更重要的信息。Svenson和Maule（1993）将时间压力对个体行为决策的影响概括为八个方面，其中之一是采用信息过滤策略，优先分配注意力到个体认为重要的事项。那么，繁忙签字会计师是否会对不同客户投入不同的时间和精力而导致审计质量存在差异？通常而言，规模较大的上市公司受到投资者和媒体更多的关注，一旦出现审计失败，签字会计师更可能面临诉讼风险，因此签字会计师会对大客户保持更高的谨慎性，并投入更多的时间和精力，确保大客户的审计质量，其次再分配精力到其他客户。基于这个分析，预期在大客户中，签字会计师繁忙度对审计质量的影响更不显著。

为了验证这个推论，首先，根据上市公司的规模大小将全样本区分为大客户

（H_S=1）和小客户（H_S=0）；① 其次，再生成交叉项 APB_A×H_S 和 APB_N×H_S，将交叉项（APB_A×H_S、APB_N×H_S）和虚拟变量（H_S）放入模型（1），重新进行回归，如表 3-10 所示，在大客户中，签字会计师繁忙度与审计质量的关系不显著；而在小客户中，签字会计师繁忙度与审计质量的关系在 1% 的水平上显著为负。且交叉项（APB_A×H_S、APB_N×H_S）的系数在 1% 的水平上显著。以上结论支持了上文的推论，即签字会计师基于整体风险控制的考虑，并非对所有客户"一视同仁"，其通常会优先保障大客户的审计时间和精力，确保大客户的审计质量，其次再为其他客户分配时间和精力。

表 3-10 签字会计师繁忙度、客户规模与审计质量

	（1）	（2）	（3）	（4）	（5）	（6）
	ARA	ARA	ARA	ARA	ARA	ARA
	大客户	小客户	全样本	大客户	小客户	全样本
APB_A	0.0000 (0.10)	0.0002*** (3.26)	0.0002*** (4.19)			
H_S			−0.0148*** (−2.67)			−0.0162*** (−2.95)
APB_A×H_S			−0.0002*** (−2.96)			
APB_N				0.0004 (0.39)	0.0041*** (3.21)	0.0044*** (4.05)
APB_N×H_S						−0.0039*** (−2.63)
LEV	0.1015*** (10.49)	−0.0218* (−1.86)	0.0371*** (4.91)	0.1016*** (10.49)	−0.0218* (−1.86)	0.0371*** (4.92)
ROA	−0.0484 (−1.26)	0.1192** (2.36)	0.0410 (1.30)	−0.0485 (−1.26)	0.1197** (2.37)	0.0412 (1.31)
GROWTH	0.0034 (1.62)	0.0002 (0.07)	0.0019 (1.01)	0.0034 (1.62)	0.0002 (0.07)	0.0019 (1.02)
B/M	0.00140 (0.70)	0.0555*** (8.51)	0.0149*** (7.27)	0.0015 (0.72)	0.0557*** (8.54)	0.0150*** (7.29)

---

① 本章首先计算出年度行业内公司规模的中位数；然后，定义公司规模大于中位数的为签字会计师的大客户，公司规模小于中位数的公司为签字会计师的小客户。

续表

	(1)	(2)	(3)	(4)	(5)	(6)
	ARA	ARA	ARA	ARA	ARA	ARA
	大客户	小客户	全样本	大客户	小客户	全样本
INDEP	−0.0358 (−1.34)	−0.0197 (−0.48)	−0.038 (−1.60)	−0.0356 (−1.33)	−0.0197 (−0.48)	−0.0379 (−1.59)
DUALITY	−0.0007 (−0.18)	0.0031 (0.63)	0.0014 (0.46)	−0.0007 (−0.18)	0.0031 (0.63)	0.0014 (0.46)
LOSS	0.0317*** (4.99)	−0.0085 (−0.95)	0.0037 (0.69)	0.0316*** (4.99)	−0.0085 (−0.95)	0.0037 (0.68)
STATE	0.0049 (1.57)	0.0140*** (2.78)	0.0104*** (3.67)	0.0050 (1.60)	0.0140*** (2.79)	0.0104*** (3.70)
BIG4	−0.0346*** (−7.02)	0.0013 (0.06)	−0.0364*** (−6.53)	−0.0343*** (−6.94)	0.0017 (0.08)	−0.0360*** (−6.44)
TENURE_F	0.0006* (1.89)	0.0024*** (4.05)	0.0014*** (4.47)	0.0006* (1.87)	0.0024*** (4.06)	0.0014*** (4.46)
TENURE_A	−0.0012 (−1.20)	0.0010 (0.62)	−0.0005 (−0.54)	−0.0012 (−1.23)	0.0010 (0.63)	−0.0005 (−0.56)
GENDER	−0.0011 (−0.38)	0.0034 (0.82)	0.0002 (0.10)	−0.0010 (−0.35)	0.0034 (0.82)	0.0003 (0.11)
DEGREE	0.0077** (2.40)	−0.0047 (−0.97)	0.0037 (1.32)	0.0076** (2.39)	−0.0047 (−0.96)	0.0037 (1.32)
CONS	−0.0566*** (−3.47)	0.0068 (0.28)	−0.0096 (−0.67)	−0.0575*** (−3.52)	0.0066 (0.27)	−0.0095 (−0.66)
年度	控制	控制	控制	控制	控制	控制
行业	控制	控制	控制	控制	控制	控制
N	8495	7364	15859	8495	7364	15859
调整的 R^2	0.0424	0.0223	0.0161	0.0425	0.0223	0.0160
F 值	9.963***	5.102***	6.898***	9.966***	5.094***	6.872***

注：***、** 和 * 分别表示在 1%、5% 和 10% 水平上显著。

(四) 复核 (项目) 签字会计师繁忙度与审计质量

通常而言，审计报告中签字会计师名字位于上方的为合伙人（或称复核签字会计师），合伙人主要负责审计项目的谈判和审计收费的确定，并对审计工作底稿进行复核；而签字会计师名字位于下方的为项目经理（或称项目签字会计师），项目经理主要负责带领审计团队开展外勤审计工作，如计划和实施具体的审计程序，并完成审计工作底稿。可以说，虽然复核签字会计师和项目签字会计师的工作角色存在差异，但对保障审计质量都起到了关键作用。[①]

根据表 3-11 的统计结果，复核签字会计师每年平均审计约 4 家上市公司，项目签字会计师每年平均审计约 2 家上市公司；复核签字会计师每年平均审计的客户资产规模为 85.580，项目签字会计师每年平均审计的客户资产规模为 46.010。那么，复核签字会计师和项目签字会计师的繁忙度差异是否影响"工作压力"的负面效应？

表 3-11　复核（项目）签字会计师繁忙度的描述性统计

	样本数	平均值	标准差	最小值	中位数	最大值
APB_N1	15859	3.936	2.633	1	3	16
APB_A1	15859	85.580	56.640	18.920	67.860	349.600
APB_N2	15859	2.115	1.573	1	2	15
APB_A2	15859	46.010	33.800	18.920	41.830	326.000

注：APB_N1 为复核签字会计师年度审计的上市公司数量，APB_A1 为复核签字会计师年度审计的上市公司资产规模；APB_N2 为项目签字会计师年度审计的上市公司数量，APB_A2 为项目签字会计师年度审计的上市公司资产规模。

为此，本章将（APB_N1、APB_N2）及（APB_A1、APB_A2）分别放入模型（3-1）中重新进行回归，回归结果如表 3-12 所示。在列（1）和列（4）中，APB_N1 和 APB_A1 的系数在 1% 的水平上显著为正，而 APB_N2 和 APB_A2 的系数并不显著。本章还检验了列（1）中 APB_A1 和 APB_A2 的系数显著性差异，以及列（4）中 APB_N1 和 APB_N2 的系数显著性差异，研究发现，两对变量的系数都存在显著性差异。结论支持复核签字会计师的繁忙度会对审计质量产生消极影响，而项目签字会计师的繁忙度不会显著影响审计质量。主要原因是：平均来看，复核签字会计师每年审计的客户数量远大于项目签字会计师，即复核签

---

① 本书主要借鉴 Lennox 等（2014）的做法来区分复核签字会计师和项目签字会计师，但值得注意的是，这种做法并不完美，可能存在合伙人名字在下方，而项目经理名字在上方的情况，当然这种情况占少数。

字会计师的繁忙度远高于项目签字会计师，进而导致"压力效应"对审计质量的消极影响更大。

表 3–12 复核（项目）签字会计师繁忙度与审计质量

	（1）	（2）	（3）	（4）	（5）	（6）
	ARA	ARA	ARA	ARA	ARA	ARA
APB_A1	0.0001*** (3.42)	0.0001*** (3.45)				
APB_A2	−0.0000 (−0.09)		0.0000 (0.47)			
APB_N1				0.0017*** (3.46)	0.0017*** (3.49)	
APB_N2				−0.0001 (−0.14)		0.0003 (0.44)
SIZE	−0.0162*** (−10.69)	−0.0162*** (−10.70)	−0.0162*** (−10.66)	−0.0161*** (−10.64)	−0.0161*** (−10.64)	−0.0161*** (−10.65)
LEV	0.0384*** (5.08)	0.0384*** (5.08)	0.0376*** (4.98)	0.0384*** (5.08)	0.0384*** (5.08)	0.0376*** (4.98)
ROA	0.0687** (2.15)	0.0687** (2.15)	0.0707** (2.22)	0.0687** (2.16)	0.0687** (2.15)	0.0707** (2.22)
GROWTH	0.0021 (1.13)	0.0021 (1.13)	0.0020 (1.09)	0.0021 (1.13)	0.0021 (1.13)	0.0020 (1.09)
B/M	0.0214*** (9.41)	0.0214*** (9.41)	0.0214*** (9.39)	0.0214*** (9.41)	0.0214*** (9.41)	0.0214*** (9.39)
INDEP	−0.0286 (−1.20)	−0.0286 (−1.20)	−0.0291 (−1.22)	−0.0286 (−1.20)	−0.0286 (−1.20)	−0.0291 (−1.22)
DUALITY	0.0009 (0.27)	0.0009 (0.27)	0.0011 (0.35)	0.0008 (0.27)	0.0008 (0.27)	0.0011 (0.35)
LOSS	0.0033 (0.62)	0.0033 (0.62)	0.0033 (0.61)	0.0033 (0.62)	0.0033 (0.62)	0.0033 (0.61)
STATE	0.0125*** (4.41)	0.0125*** (4.41)	0.0119*** (4.19)	0.0126*** (4.41)	0.0126*** (4.42)	0.0119*** (4.19)
BIG4	−0.0206*** (−3.54)	−0.0205*** (−3.54)	−0.0224*** (−3.88)	−0.0204*** (−3.51)	−0.0203*** (−3.51)	−0.0225*** (−3.88)
TENURE_F	0.0014*** (4.33)	0.0014*** (4.33)	0.0014*** (4.59)	0.0014*** (4.33)	0.0014*** (4.33)	0.0014*** (4.59)
TENURE_A	−0.0004 (−0.47)	−0.0004 (−0.48)	−0.0002 (−0.26)	−0.0004 (−0.47)	−0.0004 (−0.48)	−0.0002 (−0.25)

续表

	(1)	(2)	(3)	(4)	(5)	(6)
	ARA	ARA	ARA	ARA	ARA	ARA
GENDER	0.0003 (0.13)	0.0003 (0.13)	−0.0003 (−0.13)	0.0003 (0.13)	0.0003 (0.13)	−0.0003 (−0.14)
DEGREE	0.0037 (1.29)	0.0037 (1.29)	0.0038 (1.34)	0.0037 (1.30)	0.0037 (1.30)	0.0038 (1.34)
CONS	0.3193*** (9.57)	0.3192*** (9.57)	0.3239*** (9.71)	0.3174*** (9.50)	0.3172*** (9.50)	0.3235*** (9.69)
年度	控制	控制	控制	控制	控制	控制
行业	控制	控制	控制	控制	控制	控制
N	15859	15859	15859	15859	15859	15859
调整的 R^2	0.0168	0.0168	0.0161	0.0168	0.0168	0.0161
F 值	7.141***	7.307***	7.029***	7.146***	7.312***	7.029***

注：***、** 和 * 分别表示在 1%、5% 和 10% 水平上显著。

第五节　稳健性检验

为了验证本章研究结论的稳健性，这里做了以下测试：

第一，为了缓解变量衡量偏误问题，首先，本章用签字会计师出具非标准审计意见（OPINION）来衡量审计质量，使用 Logistics 重新进行回归，结果如表 3-13 的列（1）和列（2）所示，主要结论保持不变。其次，借鉴 Chen 等（2010）的分析，将审计意见根据严重程度进一步细分，即标准无保留意见为 0，标准无保留意见加强调事项段为 1，保留意见为 2，无法表示意见为 3，①并生成新的变量 OPINION_M，采用 Order Probit 回归，结果如表 3-13 的列（3）和列（4）所示，签字会计师繁忙度（APB_A、APB_N）的系数显著为负，依然支持了本章的结论。最后，本章用非标准审计意见（OPINION）衡量审计质量，对本章进一步研究的内容重新进行了检验，结果如表 3-14 所示，大部分结论依然较为稳健。

---

① 剔除缺失值、金融业样本以及 ST（*ST）后，样本中无否定意见。

第二，为了缓解时间序列相关和变量异方差问题，本章在公司层面进行聚类处理（Cluster），重新对模型（3-1）进行回归，结果如表 3-15 的列（1）和列（2）所示，主要结论保持不变。此外，本章进一步在公司层面和年度层面进行了双维度聚类，重新对模型（3-1）进行回归，结果如表 3-15 的列（3）和列（4）所示，主要结论保持不变。

表 3-13 替换变量

	（1）	（2）	（3）	（4）
	Logit		Order Probit	
	OPINION	OPINION	OPINION_M	OPINION_M
APB_A	−0.0049*** (−3.03)		−0.0015** (−2.20)	
APB_N		−0.1037*** (−3.01)		−0.0317** (−2.14)
SIZE	−0.8457*** (−11.62)	−0.8512*** (−11.71)	−0.3329*** (−10.93)	−0.3346*** (−11.00)
LEV	4.6374*** (17.94)	4.6386*** (17.95)	2.0332*** (17.54)	2.0335*** (17.54)
ROA	−4.9660*** (−4.69)	−4.9687*** (−4.69)	−2.5679*** (−5.25)	−2.5692*** (−5.25)
GROWTH	−0.0537 (−0.76)	−0.0537 (−0.76)	−0.0396 (−1.23)	−0.0396 (−1.23)
B/M	−0.0973 (−0.81)	−0.0970 (−0.81)	−0.0733 (−1.48)	−0.0733 (−1.48)
INDEP	0.1060 (0.10)	0.1100 (0.11)	0.5080 (1.13)	0.5080 (1.13)
DUALITY	−0.0987 (−0.77)	−0.0984 (−0.77)	−0.0353 (−0.62)	−0.0354 (−0.62)
LOSS	0.8285*** (4.89)	0.8282*** (4.89)	0.4478*** (5.71)	0.4477*** (5.71)
STATE	−0.3829*** (−3.28)	−0.3832*** (−3.28)	−0.2162*** (−4.09)	−0.2162*** (−4.09)
BIG4	0.0763 (0.20)	0.0696 (0.18)	0.0370 (0.23)	0.0356 (0.22)
TENURE_F	−0.0141 (−1.07)	−0.0141 (−1.08)	−0.0056 (−0.95)	−0.0057 (−0.95)
TENURE_A	0.0026 (0.07)	0.0026 (0.07)	−0.0042 (−0.25)	−0.0043 (−0.25)

续表

	（1）	（2）	（3）	（4）
	Logit		Order Probit	
	OPINION	OPINION	OPINION_M	OPINION_M
GENDER	−0.1260 (−1.22)	−0.1250 (−1.21)	−0.0904* (−1.95)	−0.0900* (−1.94)
DEGREE	−0.1090 (−0.87)	−0.1100 (−0.88)	−0.0955* (−1.70)	−0.0961* (−1.71)
CONS	0.3141*** (7.73)	0.3164*** (7.77)	—	—
年度	控制	控制	控制	控制
行业	控制	控制	控制	控制
N	15752	15752	15859	15859
Pseudo R^2	0.3088	0.3088	0.2587	0.2587

注：***、** 和 * 分别表示在1%、5%和10%水平上显著。

表3-14 进一步研究内容的重新检验

	（1）	（2）	（3）	（4）	（5）	（6）
	OPINION	OPINION	OPINION	OPINION	OPINION	OPINION
APB_A	−0.0097*** (−4.68)		−0.0085*** (−3.43)		−0.0036** (−2.07)	
APB_A × H_S	0.0099*** (3.27)					
H_S	−1.1299*** (−4.89)	−1.1219*** (−4.89)				
APB_N		−0.1972*** (−4.45)		−0.1802*** (−3.38)		−0.0753** (−2.03)
APB_N × H_S		0.2079*** (3.22)				
LT			−0.5339** (−2.44)	−0.5243** (−2.40)		
LT × APB_A			0.0065** (2.06)			
LT × APB_N				0.0064** (2.01)		
ST					0.6638** (2.43)	0.6717** (2.46)

续表

	（1）OPINION	（2）OPINION	（3）OPINION	（4）OPINION	（5）OPINION	（6）OPINION
ST × APB_A					−0.0073* (−1.69)	
ST × APB_N						−0.1592* (−1.71)
CONS	−4.2572*** (−7.81)	−4.2824*** (−7.86)	13.0137*** (8.20)	13.2087*** (8.29)	12.5543*** (7.93)	12.6698*** (8.00)
控制变量	控制	控制	控制	控制	控制	控制
N	15752	15752	15752	15752	15752	15752
Pseudo R^2	0.2821	0.2815	0.3101	0.3100	0.3102	0.3102

	（7）OPINION	（8）OPINION	（9）OPINION	（10）OPINION
APB_A	−0.0077** (−2.14)			
APB_A × EXP	0.0060* (1.66)			
EXP	−0.5537** (−2.16)	−0.5416** (−2.10)		
APB_N		−0.1595** (−2.07)		
APB_N × EXP		0.1230* (1.69)		
APB_A1			−0.0033*** (−3.17)	
APB_A2			−0.0007 (−0.43)	
APB_N1				−0.0713*** (−3.18)
APB_N2				−0.0121 (−0.37)
CONS	12.8932*** (8.12)	12.9982*** (8.16)	12.7094*** (8.03)	12.8046*** (8.09)
控制变量	控制	控制	控制	控制
N	15752	15752	15752	15752
Pseudo R^2	0.3100	0.3099	0.3092	0.3092

注：***、** 和 * 分别表示1%、5%和10%水平上显著。

表 3-15　聚类处理

续表

	(1)	(2)	(3)	(4)
	公司层面聚类 (Cluster Id)		公司和年度层面双维度聚类 (Cluster Id Year)	
	ARA	ARA	ARA	ARA
APB_A	0.0001** (2.19)		0.0001* (1.77)	
APB_N		0.0023** (2.18)		0.0021* (1.74)
SIZE	−0.0162*** (−4.84)	−0.0161*** (−4.78)	−0.0137*** (−4.10)	−0.0136*** (−4.04)
LEV	0.0383* (1.78)	0.0382* (1.78)	0.0398 (1.63)	0.0397 (1.63)
ROA	0.0687 (1.15)	0.0687 (1.15)	0.0462 (0.84)	0.0462 (0.84)
GROWTH	0.0020 (0.77)	0.0020 (0.77)	0.0027 (1.33)	0.0027 (1.33)
B/M	0.0215*** (7.10)	0.0214*** (7.10)	0.0166*** (4.07)	0.0166*** (4.07)
INDEP	−0.0286 (−0.85)	−0.0286 (−0.85)	−0.0251 (−0.63)	−0.0251 (−0.63)
DUALITY	0.0008 (0.19)	0.0008 (0.19)	0.0013 (0.33)	0.0013 (0.33)
LOSS	0.0033 (0.35)	0.0033 (0.35)	0.0015 (0.21)	0.0015 (0.21)
STATE	0.0125*** (2.59)	0.0126*** (2.60)	0.0118** (2.44)	0.0118** (2.44)
BIG4	−0.0204** (−2.42)	−0.0203** (−2.41)	−0.0222*** (−2.72)	−0.0221*** (−2.71)
TENURE_F	0.0014*** (3.13)	0.0014*** (3.13)	0.0015*** (2.75)	0.0015*** (2.75)
TENURE_A	−0.0005 (−0.38)	−0.0005 (−0.39)	−0.0003 (−0.29)	−0.0003 (−0.29)
GENDER	0.0003 (0.09)	0.0003 (0.09)	0.0003 (0.09)	0.0003 (0.09)
DEGREE	0.0037 (0.98)	0.0037 (0.99)	0.0036 (0.95)	0.0036 (0.95)
CONS	0.3195*** (4.59)	0.3169*** (4.53)	0.2624*** (3.79)	0.2600*** (3.74)

续表

	(1)	(2)	(3)	(4)
	公司层面聚类 (Cluster Id)		公司和年度层面双维度聚类 (Cluster Id Year)	
	ARA	ARA	ARA	ARA
年度	控制	控制	—	—
行业	控制	控制	控制	控制
N	15859	15859	15859	15859
调整的 R^2	0.0166	0.0166	0.0155	0.0155

注：***、** 和 * 分别表示在 1%、5% 和 10% 水平上显著。

第三，本章可能存在一定的自选择问题，即会计信息质量较差、盈余管理动机强的公司可能倾向于选择繁忙的签字会计师，从而导致签字会计师繁忙度与审计质量呈现负相关关系。为了缓解自选择问题，这里采用倾向匹配得分法（PSM），首先生成签字会计师繁忙度的年度行业中位数，定义大于中位数的为繁忙签字会计师，其他为非繁忙签字会计师。参与匹配的变量包括：公司规模（SIZE）、资产负债率（LEV）、总资产收益率（ROA）、产权性质（STATE）、独立董事比例（INDEP）、是否两职合一（DUALITY）、是否"四大"审计（BIG4）、签字会计师性别（GENDER）、年度（YEAR）以及行业（IND）。根据图 3-1 和图 3-2 可知，匹配后的实验组和控制组样本密度函数图高度拟合，表明这里的匹配效果较好，满足了共同支撑假设。当然，在进行倾向匹配后，本章的匹配变量

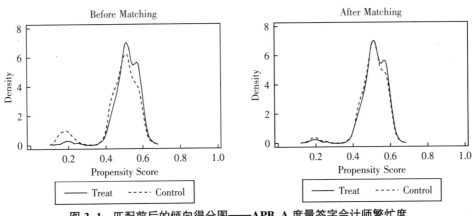

图 3-1　匹配前后的倾向得分图——APB_A 度量签字会计师繁忙度

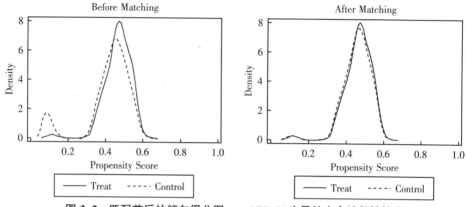

图 3-2　匹配前后的倾向得分图——APB_N 度量签字会计师繁忙度

不存在显著性差异，满足了平行假设（篇幅所限，这里不再呈现）。结果表明，不论是用 APB_A 还是用 APB_N 来衡量签字会计师繁忙度，实验组和对照组的审计质量都存在显著差异。此外，本章还利用匹配完成后的样本重新对模型（3-1）进行回归，结果如表 3-16 的列（1）和列（2）所示，主要结论保持不变。

表 3-16　倾向匹配得分法

	（1）	（2）
	ARA	ARA
APB_A	0.0001*** (3.23)	
APB_N		0.0027*** (3.14)
SIZE	−0.0168*** (−9.58)	−0.0184*** (−9.92)
LEV	0.0502*** (5.81)	0.0450*** (4.97)
ROA	0.0104 (0.29)	0.0617 (1.63)
GROWTH	0.0038* (1.85)	0.0013 (0.60)
B/M	0.0190*** (7.07)	0.0229*** (7.88)
INDEP	−0.0299 (−1.08)	−0.0280 (−0.96)

续表

	(1)	(2)
	ARA	ARA
DUALITY	−0.0009 (−0.27)	−0.0005 (−0.13)
LOSS	0.0018 (0.29)	−0.0021 (−0.32)
STATE	0.0130*** (4.03)	0.0132*** (3.86)
BIG4	−0.0120 (−1.31)	−0.0103 (−0.83)
TENURE_F	0.0012*** (3.30)	0.0007* (1.88)
TENURE_A	−0.0007 (−0.69)	−0.0003 (−0.28)
GENDER	−0.0002 (−0.09)	−0.0001 (−0.02)
DEGREE	0.0030 (0.93)	0.0047 (1.39)
CONS	0.3205*** (8.29)	0.3594*** (8.75)
年度	控制	控制
行业	控制	控制
N	12123	11001
调整的 R^2	0.0155	0.0146
F 值	5.536***	4.8654***

注：***、** 和 * 分别表示在 1%、5% 和 10% 水平上显著。

第四，之前文献表明，签字会计师年龄（AGE）也可能影响到审计质量
（Sundgren and Svanström，2014）。一方面，年龄大的签字会计师往往经验更加丰
富、专业胜任能力更强，因此能够提供更高的审计质量；另一方面，根据职业生
涯领域的文献（Schein，1971），个人的职业生涯可以分为四个阶段：初创期、建
设期、维持期以及退出期。Cron 等（1988）指出，在退出期，个人即将退休，因
而他们更没有动力去提高工作业绩。也就是说，当签字会计师在邻近退休时，其
更可能接受较高的审计风险和检查风险，从而降低审计投入和审计时间，导致审

计质量下降。这里进一步加入签字会计师年龄（AGE）的控制变量，并剔除了年龄的缺失值后，并重新对模型（3-1）进行回归，结果如表 3-17 所示，主要结论保持一致。

表 3-17　考虑签字会计师年龄对审计质量的影响

	（1）	（2）
	ARA	ARA
APB_A	0.0001***	
	(2.79)	
APB_N		0.0022***
		(2.79)
SIZE	−0.0160***	−0.0158***
	(−9.85)	(−9.79)
LEV	0.0357***	0.0357***
	(4.45)	(4.45)
ROA	0.0730**	0.0731**
	(2.17)	(2.17)
GROWTH	0.0013	0.0013
	(0.65)	(0.65)
B/M	0.0222***	0.0222***
	(9.12)	(9.11)
INDEP	−0.0180	−0.0180
	(−0.70)	(−0.71)
DUALITY	−0.0004	−0.0005
	(−0.14)	(−0.14)
LOSS	0.0020	0.0020
	(0.36)	(0.36)
STATE	0.0128***	0.0128***
	(4.23)	(4.23)
BIG4	−0.0255***	−0.0253***
	(−3.92)	(−3.89)
TENURE_F	0.0012***	0.0012***
	(3.65)	(3.65)
TENURE_A	0.0000	0.0000
	(0.03)	(0.02)
GENDER	0.0005	0.0005
	(0.17)	(0.17)

续表

	(1)	(2)
	ARA	ARA
DEGREE	0.0040 (1.32)	0.0040 (1.33)
CPAAGE	−0.0004 (−1.59)	−0.0004 (−1.58)
CONS	0.3274*** (8.79)	0.3248*** (8.70)
年度	控制	控制
行业	控制	控制
N	14241	14241
调整的 R^2	0.0159	0.0159
F 值	6.231***	6.231***

注：***、** 和 * 分别表示在 1%、5% 和 10% 水平上显著。

第五，尽管本书控制了公司层面的特征变量、事务所层面的特征变量以及签字会计师层面的特征变量，本书仍然可能存在一些遗漏变量，且这些遗漏变量无法量化，遗漏了这些变量可能导致本书的回归结果存在偏误。为了缓解遗漏变量导致的内生性问题，本书采用工具变量法（IV）。首先，本书将同年度同一家事务所内其他签字会计师的繁忙度（APB_A_IV、APB_N_IV）作为工具变量，其中 APB_A_IV 作为 APB_A 的工具变量，APB_N_IV 作为 APB_N 的工具变量。原因主要有两个方面：①事务所内部的签字会计师繁忙程度可能存在较高的一致性，比如当事务所的内部质量控制机制较为薄弱时，事务所更不可能关注签字会计师过度繁忙导致的审计时间不足风险，进而导致所内签字会计师较为繁忙，即签字会计师繁忙度与所内其他签字会计师的繁忙度具有较高的相关性；②所内其他签字会计师并不参与焦点签字会计师的审计业务，因此所内其他签字会计师繁忙度与焦点签字会计师提供审计业务的审计质量不存在直接相关关系。理论上讲，选择同年度同一家事务所内其他签字会计师的繁忙度作为工具变量具有一定的可靠性。其次，本书使用工具变量法进行两阶段回归分析，结果如表 3-18 所示。如表 3-18 的列（1）所示，在第一阶段中，APB_A_IV 的系数在 1% 的水平上显著为正,且 Cragg-Donald Wald F 值显示 APB_A_IV 与 APB_A 相关性较高,不存在弱工具变量的情况。如表 3-18 的列(2)所示,在第二阶段中,APB_A 的系数依然显著为正,这进一步验证了本章的 H3-1b。另外,这里还进行了 Wu-Hausman 检验,F 值等于 3.5563,在 10% 的水平上显著,即本章确实存在较弱的内生性问题,但运用工具变量法缓解内生性问题后,本章得到了较为稳健的结论。同理使用 APB_N_IV 作为工具变量的检验结果如表 3-18 的列(3)和列(4)所示,本书也得到了类似的结果,这里不再赘述。

表 3-18　工具变量法

	(1)	(2)	(3)	(4)
	APB_A	ARA	APB_N	ARA
	第一阶段	第二阶段	第一阶段	第二阶段
APB_A_IV	0.9143*** (72.38)			
APB_A		0.0002*** (3.11)		
APB_N_IV			0.8877*** (67.54)	
APB_N				0.0049*** (3.15)
SIZE	0.6140** (2.10)	−0.0164*** (−10.84)	−0.0176 (−1.30)	−0.0162*** (−10.69)
LEV	−1.7503 (−1.20)	0.0386*** (5.11)	−0.0832 (−1.23)	0.0386*** (5.11)
ROA	16.0898*** (2.62)	0.0646** (2.03)	0.7446*** (2.61)	0.0646** (2.03)
GROWTH	−0.0970 (−0.28)	0.0021 (1.13)	−0.0045 (−0.28)	0.0021 (1.13)
B/M	−0.7279* (−1.66)	0.0216*** (9.49)	−0.0326 (−1.61)	0.0215*** (9.48)
INDEP	−8.2433* (−1.80)	−0.0281 (−1.18)	−0.3920* (−1.84)	−0.0281 (−1.18)
DUALITY	1.3148** (2.19)	0.0005 (0.15)	0.0649** (2.34)	0.0004 (0.14)
LOSS	1.3982 (1.35)	0.0030 (0.55)	0.0677 (1.41)	0.0030 (0.55)

续表

	（1）	（2）	（3）	（4）
	APB_A	ARA	APB_N	ARA
	第一阶段	第二阶段	第一阶段	第二阶段
STATE	−3.4602***	0.0135***	−0.1626***	0.0135***
	（−6.31）	（4.70）	（−6.40）	（4.72）
BIG4	0.5339	−0.0178***	0.1083	−0.0175***
	（0.46）	（−2.99）	（1.01）	（−2.92）
TENURE_F	0.3852***	0.0013***	0.0173***	0.0013***
	（6.34）	（4.20）	（6.16）	（4.20）
TENURE_A	1.1287***	−0.0007	0.0529***	−0.0007
	（6.54）	（−0.82）	（6.63）	（−0.83）
GENDER	−4.1302***	0.0009	−0.1923***	0.0009
	（−8.69）	（0.34）	（−8.74）	（0.35）
DEGREE	0.5394	0.0035	0.0202	0.0035
	（0.99）	（1.24）	（0.80）	（1.26）
CONS	−10.7468	0.3226***	0.5227*	0.3174***
	（−1.61）	（9.38）	（1.69）	（9.18）
年度	控制	控制	控制	控制
行业	控制	控制	控制	控制
N	15850	15850	15850	15850
调整的 R^2	0.3131	0.0160	0.3233	0.0160
F 值	167.57***	7.268***	175.63***	7.275***

注：***、** 和 * 分别表示在 1%、5%和10%水平上显著。前文回归样本中（15859），由于一些小规模事务所当年只审计一家上市公司，所以无法用事务所内其他签字会计师的繁忙度做为工具变量，这里将这些样本剔除。

第六节　本章小结

本章以我国上市公司为研究对象，考察签字会计师繁忙度对审计质量的影响。实证研究发现，审计质量随着签字会计师繁忙度的提高而降低，即签字会计师繁忙的"压力效应"大于"声誉效应"，占主导作用。进一步地，本章根据两位签字会计师是否发生轮换将全样本分为两组，研究发现，在两组中，签字会计师繁忙度与审计质量都呈显著负相关关系，且在发生两位签字会计师轮换的样本中，签字会计师繁忙度对审计质量的消极影响更加显著。同时，基于稳健性的考虑，本章检验了签字会计师任期对签字会计师繁忙度与审计质量之间关系的调节作用，发现在签字会计师任期较长时，签字会计师繁忙度与审计质量关系不显著，而在签字会计师任期较短时，签字会计师繁忙度与审计质量的关系显著为负，进一步支持了"学习效应"。

本章检验签字会计师工作经验高低对签字会计师繁忙度与审计质量之间关系的调节作用，结果表明，签字会计师工作经验可以缓解签字会计师繁忙度对审计质量的负面作用，具体表现为，在工作经验较为丰富的签字会计师审计的公司中，签字会计师繁忙度与审计质量关系不显著，而在工作经验较为欠缺的签字会计师审计的公司中，签字会计师繁忙度与审计质量关系显著为负。

基于"签字会计师对客户并非一视同仁"的假设，本章检验客户规模对签字会计师繁忙度与审计质量之间关系的调节效应，研究发现，签字会计师繁忙度与审计质量的负相关关系只存在于小客户中。结论表明，基于整体风险控制的考虑，繁忙的签字会计师倾向于优先保障大客户的审计时间和精力，从而保障大客户的审计质量。

区分签字会计师的角色差异后，研究发现，复核签字会计师繁忙度与审计质量显著负相关，而项目签字会计师繁忙度对审计质量的影响不显著。

第四章 签字会计师繁忙度与审计延迟的实证检验

第一节 引 言

审计延迟是审计领域的重要话题，审计延迟是指上市公司资产负债表日到审计报告日之间的时间间隔（Ashton et al.，1987），它衡量了注册会计师审计投入的时间和努力程度（Ettredge et al.，2006；Chan et al.，2012；Jiang and Son，2015；Lobo et al.，2015；Lambert et al.，2017）。为了满足投资者对会计信息及时性的要求，美国 SEC 在 2005 年出台了相关规定，要求注册会计师加速披露审计报告，但研究表明，新规定的实施大大加重了注册会计师的年报审计工作负担，即注册会计师需要在更短的时间内完成审计工作，这无疑会增大注册会计师的工作压力，结果显示：新规下，审计延迟缩短导致审计质量降低（Lambert et al.，2017）。这可能意味着会计信息的及时性和可靠性存在一定的"跷跷板"效应，如何在二者之间取得平衡点是一个重要问题。

第三章重点研究了签字会计师繁忙度对审计质量的影响，研究发现，签字会计师繁忙导致审计质量下降，支持了"压力效应"，即当签字会计师繁忙度较高时，签字会计师能够投入每个审计项目的审计时间和精力较少，这会影响签字会计师对审计证据的收集，从而影响审计质量。而本章重点探究签字会计师繁忙度对审计延迟的影响，过去的问卷调查和实验研究表明，注册会计师在面临较大的时间压力时倾向于减少审计证据的收集（Coram et al.，2003）、采用耗时较少的审计程序（Agoglia et al.，2010），甚至在未完成全部审计程序的情形下提前签字（Rhode，1978；Alderman and Deitrick，1982；Willett and Page，1996）。本章希望通过大样本实证方法进一步检验时间压力对签字会计师行为的影响。此外，本章借鉴前人的经验，将审计延迟作为中介变量，采取中介效应法进一步检验"签字会计师繁忙度—审计投入—审计质量"的逻辑链条。

现有文献研究表明，资产规模、业务复杂度、盈利性、内部控制质量、内部审计、签字会计师轮换、事务所规模、事务所分所的行业专长、事务所合并等因素会影响审计延迟（Dyer and McHugh，1975；Ashton et al.，1987；Ng and Tai，1994；Lawrence and Glover，1998；Ahmed，2003；Ettredge et al.，2006；Pizzini et al.，2011；Whitworth et al.，2014；Sharma et al.，2017）。现有研究主要集中于探讨公司层面特征和事务所（分所）层面特征对审计延迟的影响，较少有文献关注签字会计师层面特征对审计延迟的影响。与前人研究不同的是，本章从签字会计师角度进一步研究审计延迟的影响因素。另外，过去文献主要采用实验研究法和问卷调查法研究签字会计师面临的时间压力对签字会计师行为的影响（Rhode，1978；Alderman and Deitrick，1982；Ragunathan，1991；Willett and Page，1996），但缺乏大样本的实证研究，而本书以中国上市公司为研究对象，考察签字会计师繁忙度对审计延迟的影响，预期可以进一步丰富签字会计师和审计延迟领域的文献。

第二节　理论分析与假设提出

在中国，签字会计师通常在最为繁忙的时期开展财务报表审计工作，且必须在4月30日前完成所有的审计任务，即签字会计师的审计工作往往面临严苛的时间限制。时间限制并不必然导致时间压力，只有当可用时间少于完成必要工作量所需的时间时才会形成时间压力。刘成立（2008）通过问卷调查发现，我国注册会计师面临的时间压力越来越大。值得注意的是，美国上市公司的资产负债表日并不唯一，因而签字会计师可以较好地平滑会计年度内的审计工作量，避免集中审计导致的时间预算不足以及过度疲劳。而我国的上市公司资产负债表日统一定为 12 月 31 日，可想而知，我国注册会计师面临的时间压力更大。实务中，签字会计师及其带领的审计团队需要频繁地出差到外地执行外勤审计，熬夜加班更是"家常便饭"。

人的精力是有限的，从事一项工作必然减少其投入到另一项工作的时间（Simon，1978）。在时间受限下，个体感知的心理压力较大，此时他们不可能考虑所有与判断问题有关的信息，只能通过调整判断方法来降低认知负荷和心理压力，如减少需要付出更多努力的分析性程序，而更多地采用较为简单的启示法或者经验法则来判断。Janis（1983）指出，当个体面临较大的时间预算压力时，其决策速度会加快，通常其会缩小信息搜索范围，在未考虑全部可能选择的情形下做出决策。Payne 等（1988）研究发现，个体在面临较大时间压力时通常会调整决策方式以适应这种环境，采取的策略包括加速信息处理过程、过滤不重要的信息、专注于处理更重要的信息以及采用耗时较少但更不准确的策略。Payne 等（1988）指出，个体面临时间压力时，首先，保持原先策略并主要通过加快信息处理来应对；其次，如果加快信息处理不足以应对紧张的时间压力时，他们会过滤掉自身认为不重要的信息；最后，若时间压力过分紧张，他们会更改策略。Payne（1976）研究发现，面临较大的时间压力时，个体会用非补偿性决策规则代替补偿性决策规则，[①] 以加快决策速度。Svenson 和 Maule（1993）将时间压力对个体行为决策的影响概括为八个方面：①缩小信息搜索范围；②更关注负面信息；③防御性反应，如忽视和否认重要信息；④依靠备选方案的支撑；⑤采用信息过滤策略，优先分配注意力到个体认为重要的事项；⑥使用非补偿性策略替代补偿性策略；⑦遗忘一些重要数据；⑧做出错误的判断和评价。

---

① 决策规则可以分为补偿性决策规则和非补偿性决策规则，补偿性决策规则是指个体会综合考虑物体各种属性后做出决策，物体的优势属性和劣势属性在个体看来可以相互补偿，在这种决策方法下，个体的介入程度较高，决策的准确性较高。而非补偿性决策规则是指物体的优势属性和劣势属性不能相互补偿，只要某种属性未符合个体要求，则个体就否定该物体，在这种决策方法下，个体的决策速度加快，但准确性降低。

审计实际上就是注册会计师的判断过程，时间限制是影响注册会计师审计判断的重要因素（刘成立，2010）。在一个会计年度审计多个客户意味着该签字会计师更加繁忙，可以预见繁忙的签字会计师面临着更为严重的时间预算压力。刘成立（2010）指出，在审计时间受限的情形下，注册会计师往往不能考虑所有与判断问题相关的信息，而是采用降低认知负荷的信息加工策略，如启发法和经验法则来加快判断速度。① 过去的实验研究表明，时间预算压力与收集充分、适当的审计证据存在冲突，面临时间预算压力的签字会计师更可能在未完成所有计划审计工作的情况下"提前签字"（Alderman and Deitrick，1982），且这种现象在非"八大"事务所中更加明显（Willett and Page，1996）。Rhode（1978）通过问卷调查也发现，约60%的注册会计师承认在面临时间压力的情况下曾经提前终止审计程序。不仅如此，审计团队面临的时间预算压力过大还会限制注册会计师保持应有的职业怀疑态度以及批判性地评价审计证据（Nelson，2009）。Coram等（2003）发现，时间预算压力导致签字会计师不合理地减少审计证据的收集。另外，Agoglia等（2010）的研究结论显示：复核签字会计师的工作压力越大，越可能降低"面对面复核"的比例，并转而更多地采取"电子复核"，从而保证及时出具审计报告。因此，在有限注意力下，审计多客户的繁忙签字会计师不得不缩短对每一个客户的审计时间和精力，采取的手段包括信赖被审计单位的内部控制而减少实质性测试、用分析性测试替代详细测试、缩小审计程序的范围或者机械地执行一些审计程序等，从而加速审计报告的发布，导致审计延迟降低。这种情形下，审计延迟的降低并不是正常情况下审计效率提高的结果，而是在签字会计师被动、消极地减少审计时间和投入下发生的。基于以上分析，这里提出本章的 H4-1：

H4-1：在其他条件相同的情况下，签字会计师繁忙度与审计延迟负相关。

---

① 个人根据以往在解决类似问题时积累的经验和诀窍去推理思考的方法，称为启发法。

第三节 研究设计

一、数据来源与样本说明

本章以中国 2007~2015 年 A 股上市公司为研究对象，并对样本做如下筛选：①剔除金融保险业的样本；②剔除 ST、*ST 的样本；③剔除存在缺失值的样本；④对连续变量在 1% 和 99% 分位点进行了缩尾处理（Winsorize）。本章的签字会计师名称主要来自国泰安数据库（CSMAR），并通过手工查找对错误和缺失的信息进行更正和补漏，具体包括签字会计师姓名遗失、签字会计师姓名书写错误以及两名签字会计师位置颠倒。签字会计师的个人特征数据主要来自中注协网站，并通过台湾经济新报数据库（TEJ）以及互联网进行手工补充查找得到。另外，内部控制指数（IC）来自迪博内部控制与风险管理数据库，其他数据来源于国泰安数据库（CSMAR）。

二、模型构建和变量定义

借鉴 Sharma 等（2017）、刘笑霞等（2017），本章构建了模型（4-1）：

$$DELAY = \beta_0 + \beta_1 APB + \sum_{i=1}^{n} \beta_{i+1} X_{i+1} + \varepsilon \tag{4-1}$$

其中，被解释变量 DELAY 为审计延迟，指的是审计报告出具日与资产负债表日之间的间隔天数，并取自然对数处理。解释变量 APB 为签字会计师繁忙度，借鉴 Sundgren 和 Svanström（2014）、Yan 和 Xie（2016）以及 Goodwin 和 Wu（2016），用两名签字会计师当年审计的客户数量的平均值（APB_N）和两名签字会计师当年审计的客户总资产的平均值（APB_A）来衡量签字会计师繁忙程度。X 为控制变量的组合，具体的变量定义和说明如表 4-1 所示。

表 4-1 变量定义

变量类型		变量名称	变量符号	变量说明
被解释变量		审计延迟	DELAY	审计报告日与资产负债表日的间隔天数，并取自然对数
解释变量		签字会计师繁忙度	APB_A、APB_N	详见第二章式（2-13）、式（2-14）
控制变量	公司特征变量	公司规模	SIZE	总资产的自然对数
		资产负债率	LEV	负债/总资产
		总资产收益率	ROA	净利润/总资产
		应收账款占比	REC	应收账款/总资产
		存货占比	INV	存货/总资产
		破产风险指数	ZSCORE	根据 Altman（1968），ZSCORE=1.2×营运资金/总资产+1.4×留存收益/总资产+3.3×息税前利润/总资产+0.6×股票总市值/负债账面价值+0.999×销售收入/总资产
		账市比	B/M	账面价值/市场价值
		是否亏损	LOSS	虚拟变量，若公司当年亏损，则 LOSS 为 1；否则，LOSS 为 0
		内部控制质量	IC	来自迪博内部控制和风险管理数据库的内部控制指数，并取自然对数处理
		股权集中度	CR1	第一大股东持股比例
		子公司数量	SUBSIDIARY	子公司数量，并取自然对数，衡量业务复杂度
		非标准审计意见	OPINION	若当年审计意见为带强调事项段的无保留意见、保留意见、无法表示意见以及否定意见时，OPINION 为 1；否则，OPINION 为 0
	事务所特征变量	事务所规模	BIG4	若上市公司由国际"四大"审计时，BIG4 为 1；否则，BIG4 为 0
		事务所任期	TENURE_F	会计师事务所连续审计的年数
	签字会计师特征变量	签字会计师性别	GENDER	若两名签字会计师中有一名为女性，则 GENDER 为 1；否则，GENDER 为 0
		签字会计师学历	DEGREE	定义硕士及博士为高学历，当两名签字会计师中有一名为高学历时，DEGREE 为 1；否则，DEGREE 为 0
		签字会计师年龄	AGE	取两名签字会计师年龄的平均值
	其他	年度	YEAR	年度，虚拟变量
		行业	IND	行业，虚拟变量

第四节 实证结果和分析

一、样本分年度和分行业统计

表 4-2 是本章样本的年度分布情况。表 4-3 是本章样本的行业分布情况，需要指出的是，本章的行业分类是根据证监会 2012 年发布的《上市公司行业分类指引》，借鉴前人经验，制造业采用 2 位，其他行业采用 1 位，在剔除金融保险业（代码为 J）后，共包含了 21 个行业。可以看出制造业的样本数超过总样本的一半。

表 4-2 样本分年度统计

年份	样本数	样本占比（%）	累计占比（%）
2007	1009	7.57	7.57
2008	1172	8.79	16.35
2009	1261	9.46	25.81
2010	1381	10.36	36.17
2011	1556	11.67	47.83
2012	1928	14.46	62.29
2013	1735	13.01	75.30
2014	1435	10.76	86.06
2015	1859	13.94	100.00
总计	13336	100.00	

表 4-3 样本分行业统计

行业	样本数	样本占比（%）	累计占比（%）
A	222	1.66	1.66
B	338	2.53	4.20
C1	1019	7.64	11.84

续表

行业	样本数	样本占比（%）	累计占比（%）
C2	2441	18.30	30.14
C3	4548	34.10	64.25
C4	244	1.83	66.08
D	496	3.72	69.80
E	364	2.73	72.53
F	917	6.88	79.40
G	507	3.80	83.20
H	58	0.43	83.64
I	610	4.57	88.21
K	794	5.95	94.17
L	143	1.07	95.24
M	53	0.40	95.64
N	110	0.82	96.46
O	29	0.22	96.68
P	4	0.03	96.71
Q	19	0.14	96.85
R	111	0.83	97.68
S	309	2.32	100.00
总计	13336	100.00	

二、描述性统计和相关性系数分析

表 4-4 是本章主要变量的描述性统计。如表 4-4 所示，审计延迟（DELAY）的平均值为 4.461，标准差为 0.286，中位数为 4.477，最大值为 5.476。根据对数换算可知，样本中公司审计延迟平均值约 87 天，中位数为 88 天，最大值为 239 天，表明我国上市公司普遍在 3 月底出具审计报告，且存在一部分违规超期披露审计报告的公司。[1] APB_N 的平均值为 3.103，即签字会计师每年平均审计约 3 家

---

① 稳健性检验中，本书剔除了违规超期披露审计报告的公司，回归得到的主要结论保持不变。

上市公司；最大值为 13.500，表明签字会计师在一个会计年度内最多审计约 14
家上市公司。① BIG4 的平均值为 0.054，即"四大"审计的公司占全样本的 5.4%。
TENURE_F 的平均值为 6.930，即会计师事务所的平均审计任期约为 7 年；
TENURE_F 的最大值为 24，即会计师事务所的审计任期最长约为 24 年。GEN-
DER 的平均值为 0.508，表明有女性签字会计师参与审计的上市公司约占全样本
的一半。DEGREE 的平均值为 0.255，表明有高学历签字会计师参与审计的上市
公司约占全样本的 1/4。AGE 的平均值为 40.670，表明样本中的签字会计师的平
均年龄约为 41 岁，而签字会计师年龄最小值为 27 岁。LOSS 的平均值为 0.086，
表明样本中有 8.6% 的公司当年亏损。OPINION 的平均值为 0.024，表明有 2.4%
的上市公司获得了非标准的审计意见。根据对数转换，子公司数量均值为 9 家，
最小值为 1 家，最大值为 304 家。其他变量的描述性统计结果如表 4-4 所示。

表 4-4　描述性统计

	样本数	平均值	标准差	最小值	中位数	最大值
DELAY	13336	4.461	0.286	2.565	4.477	5.476
APB_A	13336	67.470	36.180	18.920	60.270	285.000
APB_N	13336	3.103	1.689	1	2.500	13.500
SIZE	13336	21.930	1.237	19.500	21.760	25.700
LEV	13336	0.451	0.211	0.046	0.455	0.920
ROA	13336	0.041	0.051	−0.144	0.036	0.210
REC	13336	0.100	0.094	0	0.076	0.424
INV	13336	0.171	0.158	0	0.131	0.760
ZSCORE	13336	1.284	0.749	−1.048	1.251	3.459
B/M	13336	0.909	0.850	0.093	0.629	4.739
LOSS	13336	0.086	0.280	0	0	1
IC	13336	6.510	0.128	6.009	6.528	6.832
CR1	13336	0.361	0.153	0.090	0.343	0.751
SUBSIDIARY	13336	2.197	1.002	0	2.197	5.717

---

① 这里指的是两名签字会计师当年审计上市公司数量的平均值。

续表

	样本数	平均值	标准差	最小值	中位数	最大值
OPINION	13336	0.024	0.154	0	0	1
BIG4	13336	0.054	0.227	0	0	1
TENURE_F	13336	6.930	4.959	1	5	24
GENDER	13336	0.508	0.500	0	1	1
DEGREE	13336	0.255	0.436	0	0	1
AGE	13336	40.670	4.843	27	40	65.500

表 4-5 是本章主要变量的 Pearson 相关性系数，DEALY 与 APB_A、APB_N 的相关性系数分别为-0.036 和-0.039，且在 1%水平上显著，这初步验证了本章的 H4-1，即签字会计师繁忙度与审计延迟显著负相关，整体而言，签字会计师越繁忙，签字会计师能够投入每个公司的审计时间和精力越少，签字会计师越可能减少审计投入并提前签字，因此审计延迟越低。另外，本章也检查了多元回归结果后各个变量的 VIF 值，所有回归变量的 VIF 值都小于 5，VIF 的平均值小于 2，表明回归不存在严重的多重共线性问题。

三、多元线性回归

表 4-6 是本章的主回归结果。在列（1）和列（2）中，签字会计师繁忙度 APB_A 和 APB_N 的系数分别为-0.0002 和-0.0046，在 1%的水平上都显著为负，这验证了本章的 H4-1，即在其他条件相同的情况下，签字会计师繁忙度越高，其面临的时间压力越大，能够为每个客户分配的审计时间预算越少，因此签字会计师不得不缩短对每个客户的审计时间，抑或改变审计策略，采取耗时更少的审计程序，造成审计延迟缩短。本章后续将在区分客户异质性（客户规模和客户重要性差异）的情况下，进一步研究签字会计师繁忙度与审计延迟的关系。

控制变量中，公司规模（SIZE）的回归系数显著为正，即被审计单位的规模越大，签字会计师需要执行的审计业务量越大，签字会计师付出的审计时间越多，因此审计延迟越大。LOSS 的系数在 1%的水平上显著为正，签字会计师更可能对亏损的公司保持谨慎，并执行更多的审计程序，从而导致审计延迟增大。IC

表4-5　相关性系数

	DELAY	APB_A	APB_N	SIZE	LEV	ROA	REC	INV	ZSCORE	B/M	LOSS	IC	CR1	SUBSIDIARY	OPINION
DELAY	1														
APB_A	-0.036***	1													
APB_N	-0.039***	0.998***	1												
SIZE	0.056***	-0.090***	-0.132***	1											
LEV	0.015*	-0.064***	-0.076***	0.400***	1										
ROA	-0.128***	0.038***	0.036**	0.013	-0.370***	1									
REC	0.029***	0.015*	0.020**	-0.190***	-0.056***	0.024***	1								
INV	-0.015*	-0.003	-0.006	0.125***	0.320***	-0.096***	-0.116***	1							
ZSCORE	-0.045***	0.055***	0.054***	-0.013	-0.387***	0.599***	0.198***	0.036**	1						
B/M	0.079***	-0.064***	-0.086***	0.590***	0.514***	-0.270***	-0.167***	0.222***	-0.202***	1					
LOSS	0.093***	-0.015*	-0.011	-0.083***	0.162***	-0.574***	-0.042***	-0.010	-0.329***	0.059***	1				
IC	-0.075***	0.004	-0.011	0.368***	-0.055***	0.449***	-0.026***	0.041***	0.376***	0.101***	-0.447***	1			
CR1	-0.024***	-0.043***	-0.054***	0.260***	0.040***	0.097***	-0.079***	0.065***	0.108***	0.114***	-0.063***	0.147***	1		
SUBSIDIARY	0.088***	-0.057***	-0.077***	0.529***	0.278***	0.009	-0.073***	0.161***	0.047***	0.289***	-0.055***	0.197***	0.019**	1	
OPINION	0.048***	-0.026***	-0.019**	-0.131***	0.129***	-0.176***	-0.023***	-0.042***	-0.226***	-0.051***	0.193***	-0.311***	-0.062***	-0.071***	1
BIC4	-0.008	-0.172***	-0.193***	0.369***	0.076***	0.049***	-0.056***	-0.031***	0.005	0.157***	-0.028***	0.200***	0.141***	0.161***	-0.029***
TENURE_F	0.020**	0.091***	0.084***	0.153***	0.152***	-0.059***	-0.188***	0.053***	-0.029***	0.125***	0.021***	0.013	-0.121***	0.170***	-0.014
GENDER	-0.005	-0.095***	-0.096***	0.027**	-0.020**	0.026***	0.011	0.006	0.038***	-0.008	-0.027***	0.036***	0.026***	0.031***	-0.016*

续表

	BIG4	TENURE_F	GENDER	DEGREE	AGE										
DEGREE	-0.011	0.010	0.008	0.025***	0.016*	0.008	0.004	-0.001	0.014	0.025***	-0.015*	0.031***	0.019***	0.016*	-0.019**
AGE	0.018**	0.014*	0.010	0.020**	0.017*	-0.041***	0.003	-0.004	-0.021**	0.007	0.006	-0.058***	-0.056***	0.026***	0.011
BIG4	1														
TENURE_F	-0.043***	1													
GENDER	0.083***	0.037***	1												
DEGREE	0.034***	-0.005	-0.018**	1											
AGE	-0.152***	0.084***	0.014	0.059***	1										

注：***、**和*分别表示在1%、5%和10%水平上显著。

表4-6 签字会计师繁忙度与审计延迟

	(1)	(2)
	DELAY	DELAY
APB_A	−0.0002***	
	(−3.14)	
APB_N		−0.0046***
		(−3.08)
SIZE	0.0117***	0.0114***
	(3.20)	(3.14)
LEV	−0.1168***	−0.1167***
	(−6.85)	(−6.85)
ROA	−0.6307***	−0.6306***
	(−8.41)	(−8.41)
REC	0.1294***	0.1294***
	(4.06)	(4.06)
INV	−0.0299	−0.0299
	(−1.33)	(−1.33)
ZSCORE	0.0071	0.0071
	(1.44)	(1.44)
B/M	0.0213***	0.0213***
	(4.68)	(4.68)
LOSS	0.0314***	0.0314***
	(2.81)	(2.81)
IC	−0.0590**	−0.0591**
	(−2.26)	(−2.26)
CR1	−0.0259	−0.0260
	(−1.50)	(−1.51)
SUBSIDIARY	0.0186***	0.0186***
	(6.09)	(6.10)
OPINION	0.0921***	0.0922***
	(5.41)	(5.42)
BIG4	−0.0313***	−0.0315***
	(−2.60)	(−2.62)
TENURE_F	0.0001	0.0001
	(0.13)	(0.12)
GENDER	−0.0031	−0.0030
	(−0.63)	(−0.62)
DEGREE	−0.0010	−0.0011
	(−0.18)	(−0.19)

续表

	（1）	（2）
	DELAY	DELAY
AGE	−0.0006 （−1.17）	−0.0006 （−1.18）
CONS	4.6635*** （28.76）	4.6690*** （28.78）
年度	控制	控制
行业	控制	控制
N	13336	13336
调整的 R²	0.0525	0.0525
F 值	17.08***	17.07***

注：***、** 和 * 分别表示在 1%、5% 和 10% 水平上显著。

的系数在 5% 的水平上显著为负，即被审计单位的内部控制质量越高，签字会计师评估的重大错报风险水平越低，在可接受的审计风险不变的情况下，签字会计师接受的检查风险水平越高，从而签字会计师需要执行的审计程序越少，审计延迟也随着降低，这与李瑛玫等（2016）、Ettredge 等（2006）的研究结论一致。BIG4 的系数在 1% 的水平上显著为负，主要是因为"四大"的注册会计师专业胜任能力更强，且"四大"内部拥有更丰富的人力和技术资源，因此"四大"的审计效率更高，审计延迟更低。SUBSIDIARY 的系数在 1% 的水平上显著为正，即被审计单位的子公司数量越多，意味着其业务越复杂，注册会计师需要付出的审计时间和精力越多，因此审计延迟越长。签字会计师性别、学历以及年龄的系数都不显著，表明这些签字会计师个人特征不会显著影响审计延迟。其他控制变量的系数如表 4–6 所示。

四、进一步研究

（一）签字会计师繁忙度、客户规模与审计延迟

Kahaneman（1973）指出，注意力是个体的稀缺资源，当个体需要执行多项任务时，个体会将有限的注意力分配到不同的任务中，而更多的注意力将被分配到个体认为重要的任务中。Payne 等（1988）研究发现，个体在面临较大时间压

力时通常会调整决策方式以适应这种环境，采取的策略包括专注于处理更重要的信息。Whitworth 等（2014）从事务所分所的层面研究分所特征对审计延迟的影响，研究发现，事务所分所的客户重要性与审计延迟显著正相关。也就是说，虽然事务所分所会优先审计重要客户，但事务所对待这些客户更加保守和稳健（Reynolds and Francis，2000；Gaver and Paterson，2007；Chen et al.，2010），因而注册会计师会投入更多的时间和精力，导致审计延迟更高。此外，在审计重要客户时，注册会计师会减少期中审计程序，更多地在资产负债表日后执行审计程序以保证财务报表内容的准确性，这也导致审计延迟增加。这是因为，相对于小客户，大客户以及重要客户受到资本市场投资者以及媒体的更多关注，一旦发生审计失败，签字会计师受到的法律诉讼风险和声誉损失风险更大。因此在审计大客户以及重要客户时，签字会计师更可能保持独立性和谨慎性，从而执行更多的审计程序，此时签字会计师繁忙度对审计延迟的影响弱化。

正如前文所述（第三章），繁忙的签字会计师对客户并非同等看待。对签字会计师而言，大客户议价能力更强，事务所更可能为这些大客户配置更大的审计团队和更多具有专业胜任能力的签字会计师，从而保障了大客户的审计质量。与此同时，繁忙的签字会计师会优先保障大客户的审计时间，再分配其他审计时间给中小客户。基于这种推理，签字会计师繁忙度并不会导致大客户的审计时间显著减少，签字会计师繁忙度导致的审计时间预算降低主要体现在中小客户中。因此，预期在大客户以及重要客户中，签字会计师繁忙度与审计延迟关系不显著；而在其他客户中，签字会计师繁忙度与审计延迟关系显著为负。

为了验证以上的推论，首先根据上市公司的资产规模区分了大公司和小公司[1]，然后再进行多元线性回归，结果如表4-7所示，在列（1）和列（3）中，APB_A 和 APB_N 的系数为负，但不显著，即当客户为大公司时，签字会计师繁忙度并不会显著导致审计延迟降低，这是因为大公司受到投资者更多的关注，一旦发生审计失败，签字会计师面临的法律诉讼风险和声誉损失风险更大，因此即使签字会计师繁忙度较高，但他们仍然会优先给大客户分配充足的审计时间，保

---

[1] 具体地，计算年度行业内的公司总资产的中位数，大于该中位数的为大公司；反之，则为小公司。

障大客户的审计质量。而在列（2）和列（4）中，APB_A 和 APB_N 的系数在 1%
的水平上显著为负，即当客户为小公司时，签字会计师繁忙度越高，签字会计师
投入的审计时间越少，审计延迟更低。

表 4-7　签字会计师繁忙度、客户规模与审计延迟

	（1）	（2）	（3）	（4）
	DELAY	DELAY	DELAY	DELAY
	大公司	小公司	大公司	小公司
APB_A	−0.0001 (−1.14)	−0.0003*** (−3.16)		
APB_N			−0.0021 (−1.12)	−0.0074*** (−3.10)
SIZE	0.0118** (2.32)	0.0022 (0.23)	0.0117** (2.29)	0.0018 (0.18)
LEV	−0.1287*** (−5.82)	−0.1207*** (−4.42)	−0.1287*** (−5.82)	−0.1207*** (−4.42)
ROA	−0.6078*** (−6.13)	−0.6613*** (−5.64)	−0.6078*** (−6.13)	−0.6609*** (−5.64)
REC	0.0706* (1.79)	0.1831*** (3.52)	0.0705* (1.79)	0.1829*** (3.51)
INV	−0.0420 (−1.53)	0.0090 (0.24)	−0.0420 (−1.53)	0.0091 (0.24)
ZSCORE	0.0075 (1.17)	0.0045 (0.58)	0.0075 (1.17)	0.0045 (0.57)
B/M	0.0204*** (4.29)	0.0423*** (2.89)	0.0204*** (4.29)	0.0423*** (2.90)
LOSS	0.0622*** (4.37)	0.0010 (0.05)	0.0622*** (4.37)	0.0010 (0.05)
IC	−0.0074 (−0.23)	−0.0990** (−2.20)	−0.0074 (−0.23)	−0.0991** (−2.21)
CR1	−0.0263 (−1.28)	−0.0414 (−1.40)	−0.0263 (−1.28)	−0.0415 (−1.40)
SUBSIDIARY	0.0199*** (5.38)	0.0186*** (3.57)	0.0199*** (5.39)	0.0186*** (3.57)
OPINION	0.1192*** (4.62)	0.0735*** (3.02)	0.1192*** (4.62)	0.0735*** (3.02)

续表

	（1）	（2）	（3）	（4）
	DELAY	DELAY	DELAY	DELAY
	大公司	小公司	大公司	小公司
BIG4	−0.0399*** (−3.32)	0.0501 (1.22)	−0.0400*** (−3.33)	0.0497 (1.21)
TENURE_F	−0.0000 (−0.02)	−0.0003 (−0.30)	−0.0000 (−0.03)	−0.0003 (−0.31)
GENDER	−0.0127** (−2.12)	0.0080 (0.99)	−0.0127** (−2.11)	0.0080 (1.00)
DEGREE	0.0032 (0.48)	−0.0090 (−0.96)	0.0032 (0.48)	−0.0091 (−0.97)
AGE	−0.0009 (−1.41)	−0.0001 (−0.14)	−0.0009 (−1.42)	−0.0001 (−0.14)
CONS	4.3156*** (21.15)	5.1239*** (15.76)	4.3179*** (21.15)	5.1337*** (15.79)
年度	控制	控制	控制	控制
行业	控制	控制	控制	控制
N	7297	6039	7297	6039
调整的 R^2	0.0769	0.0380	0.0769	0.0380
F 值	14.21***	6.306***	14.21***	6.298***

注：***、** 和 * 分别表示在1%、5%和10%水平上显著。

（二）签字会计师繁忙度、客户重要性与审计延迟

同理，本书根据签字会计师的客户重要性高低区分了重要客户和非重要客户，再对模型（4-1）分别进行回归。签字会计师的客户重要性计算过程如模型（4-2）所示。其中，IMP 为客户当年对于签字会计师的重要性，AUDITFEE 为客户 i 当年支付的审计费用的自然对数，m 为客户 i 当年聘请的签字会计师所审计的客户数量总和，j 表示客户 i 当年聘请的签字会计师审计的客户。需要特别说明的是，本书分别计算出复核签字会计师的客户重要性和项目签字会计师的客户重要性，再取二者的平均值作为该客户当年对于签字会计师的客户重要性。

分组回归的结果如表 4-8 所示，在列（1）和列（3）中，APB_A 和 APB_N 的系数为负且不显著，进一步印证了前文的分析，即签字会计师会对重要客户保持

更高的独立性和谨慎性，并投入更多的时间和精力。与此同时，签字会计师会减少期中审计程序，转而执行更多期后审计程序，因而签字会计师繁忙度与审计延迟的关系在重要客户组中不显著。另外，在列（2）和列（4）中，APB_A 和 APB_N 的系数在 1% 的水平上显著为负，即在非重要的客户中，签字会计师繁忙度越高，审计延迟越低，这是因为签字会计师越繁忙，其面临的时间预算压力越大，通常情形下其倾向于优先保障重要客户的审计时间，然后为其他客户分配剩余时间。

$$IMP_i = \frac{AUDITFEE_i}{\sum_{j=1}^{m} AUDITFEE_j} \tag{4-2}$$

表 4-8　签字会计师繁忙度、客户重要性与审计延迟

	（1）	（2）	（3）	（4）
	DELAY	DELAY	DELAY	DELAY
	重要客户	非重要客户	重要客户	非重要客户
APB_A	−0.0001 （−0.62）	−0.0003*** （−2.86）		
APB_N			−0.0016 （−0.56）	−0.0064*** （−2.82）
SIZE	0.0101** （2.14）	0.0120** （2.04）	0.0100** （2.12）	0.0116** （1.97）
LEV	−0.1143*** （−5.08）	−0.1253*** （−4.76）	−0.1143*** （−5.08）	−0.1254*** （−4.76）
ROA	−0.6911*** （−6.84）	−0.5250*** （−4.64）	−0.6911*** （−6.84）	−0.5247*** （−4.63）
REC	0.0690 （1.63）	0.1966*** （4.06）	0.0689 （1.63）	0.1966*** （4.06）
INV	−0.0247 （−0.83）	−0.0271 （−0.80）	−0.0247 （−0.83）	−0.0270 （−0.80）
ZSCORE	0.0075 （1.17）	0.0042 （0.54）	0.0075 （1.17）	0.0041 （0.54）
B/M	0.0172*** （3.11）	0.0293*** （3.62）	0.0172*** （3.11）	0.0294*** （3.62）
LOSS	0.0276* （1.86）	0.0333* （1.95）	0.0276* （1.86）	0.0333* （1.95）
IC	−0.0067 （−0.20）	−0.1470*** （−3.46）	−0.0067 （−0.20）	−0.1471*** （−3.46）

续表

	（1）	（2）	（3）	（4）
	DELAY	DELAY	DELAY	DELAY
	重要客户	非重要客户	重要客户	非重要客户
CR1	−0.0283 (−1.23)	−0.0223 (−0.85)	−0.0283 (−1.23)	−0.0224 (−0.86)
SUBSIDIARY	0.0198*** (4.93)	0.0175*** (3.72)	0.0198*** (4.93)	0.0175*** (3.72)
OPINION	0.0833*** (3.73)	0.0979*** (3.72)	0.0833*** (3.74)	0.0981*** (3.73)
BIG4	−0.0272** (−2.03)	−0.0541* (−1.87)	−0.0272** (−2.02)	−0.0547* (−1.89)
TENURE_F	−0.0000 (−0.03)	0.0003 (0.40)	−0.0000 (−0.03)	0.0003 (0.39)
GENDER	−0.0022 (−0.34)	−0.0057 (−0.76)	−0.0022 (−0.33)	−0.0056 (−0.76)
DEGREE	0.0017 (0.22)	−0.0047 (−0.55)	0.0016 (0.22)	−0.0048 (−0.56)
AGE	−0.0006 (−0.89)	−0.0004 (−0.54)	−0.0006 (−0.89)	−0.0004 (−0.56)
CONS	4.3561*** (21.47)	5.2197*** (19.32)	4.3579*** (21.47)	5.2285*** (19.35)
年度	控制	控制	控制	控制
行业	控制	控制	控制	控制
N	7144	6192	7144	6192
调整的 R^2	0.0570	0.0490	0.0570	0.0489
F 值	10.39***	7.932***	10.38***	7.926***

注：***、** 和 * 分别表示在 1%、5% 和 10% 水平上显著。

（三）复核（项目）签字会计师繁忙度与审计延迟

通常而言，上市公司的年报审计由两名签字会计师负责，[1] 其中一名签字会计师负责对审计工作底稿进行复核，通常由合伙人担任；另一名签字会计师负责外勤审计工作的计划和实施，通常由项目经理担任。两名签字会计师在财务报表

[1] 少数情况下，审计报告中存在 3 个签字会计师，且这种情况主要发生在"小所"中。

审计过程中充当着不同角色、发挥着不同的作用，但承担的法律责任相当。这里本书希望考察签字会计师角色存在差异下，签字会计师繁忙度与审计延迟的关系是否不同。

具体地，本书分别考察复核签字会计师繁忙度、项目签字会计师繁忙度与审计延迟的关系，检验结果如表 4-9 所示。在列（1）和列（4）中，APB_A1 和 APB_N1 的系数在 1% 的水平上显著为负，这表明复核签字会计师繁忙度越高，其能够为每个客户分配的审计时间越少，付出的审计努力程度越低，因此审计延迟越低。虽然在列（2）和列（5）中，APB_A2 和 APB_N2 的系数在 10% 的水平上显著为负，但是将 APB_A1 和 APB_A2、APB_N1 和 APB_N2 同时放入模型（4-1）中，如列（3）和列（6）所示，发现 APB_A1 和 APB_N1 依然显著为负，而 APB_A2 和 APB_N2 的系数变的不显著。这意味着，复核签字会计师繁忙度会导致审计延迟明显降低，而项目签字会计师繁忙度对审计延迟的影响效果并不明显。通过第三章对复核签字会计师和项目签字会计师繁忙度的描述性统计可以看出，复核签字会计师繁忙度明显高于项目签字会计师，因此过度繁忙导致的审计时间投入不足现象在复核签字会计师中更普遍。

表 4-9　签字会计师繁忙度与审计延迟——区分签字会计师角色

	（1）	（2）	（3）	（4）	（5）	（6）
	DELAY	DELAY	DELAY	DELAY	DELAY	DELAY
APB_A1	-0.0001^{***} (-2.82)		-0.0001^{**} (-2.52)			
APB_A2		-0.0001^{*} (-1.87)	-0.0001 (-1.38)			
APB_N1				-0.0026^{***} (-2.76)		-0.0023^{**} (-2.46)
APB_N2					-0.0029^{*} (-1.86)	-0.0022 (-1.37)
SIZE	0.0115^{***} (3.17)	0.0117^{***} (3.22)	0.0117^{***} (3.20)	0.0114^{***} (3.13)	0.0116^{***} (3.19)	0.0114^{***} (3.13)
LEV	-0.1163^{***} (-6.83)	-0.1163^{***} (-6.82)	-0.1167^{***} (-6.85)	-0.1163^{***} (-6.83)	-0.1162^{***} (-6.82)	-0.1167^{***} (-6.85)
ROA	-0.6314^{***} (-8.42)	-0.6308^{***} (-8.41)	-0.6307^{***} (-8.41)	-0.6314^{***} (-8.42)	-0.6307^{***} (-8.41)	-0.6307^{***} (-8.41)

续表

	（1）	（2）	（3）	（4）	（5）	（6）
	DELAY	DELAY	DELAY	DELAY	DELAY	DELAY
REC	0.1292***	0.1297***	0.1294***	0.1291***	0.1297***	0.1294***
	(4.05)	(4.07)	(4.06)	(4.05)	(4.07)	(4.06)
INV	−0.0298	−0.0297	−0.0299	−0.0299	−0.0297	−0.0299
	(−1.33)	(−1.33)	(−1.33)	(−1.33)	(−1.33)	(−1.33)
ZSCORE	0.0071	0.0069	0.0071	0.0071	0.0069	0.0071
	(1.44)	(1.40)	(1.44)	(1.44)	(1.40)	(1.44)
B/M	0.0214***	0.0214***	0.0213***	0.0215***	0.0214***	0.0213***
	(4.71)	(4.70)	(4.68)	(4.71)	(4.70)	(4.68)
LOSS	0.0314***	0.0312***	0.0314***	0.0313***	0.0312***	0.0314***
	(2.81)	(2.79)	(2.81)	(2.80)	(2.79)	(2.81)
IC	−0.0587**	−0.0600**	−0.0590**	−0.0587**	−0.0600**	−0.0590**
	(−2.24)	(−2.29)	(−2.26)	(−2.24)	(−2.29)	(−2.26)
CR1	−0.0260	−0.0256	−0.0260	−0.0261	−0.0257	−0.0260
	(−1.51)	(−1.49)	(−1.50)	(−1.51)	(−1.49)	(−1.51)
SUBSIDIARY	0.0186***	0.0187***	0.0186***	0.0187***	0.0187***	0.0186***
	(6.11)	(6.14)	(6.09)	(6.12)	(6.14)	(6.10)
OPINION	0.0922***	0.0929***	0.0921***	0.0922***	0.0929***	0.0922***
	(5.42)	(5.46)	(5.41)	(5.42)	(5.46)	(5.41)
BIG4	−0.0303**	−0.0280**	−0.0313***	−0.0305**	−0.0281**	−0.0315***
	(−2.53)	(−2.34)	(−2.60)	(−2.54)	(−2.35)	(−2.62)
TENURE_F	0.0001	−0.0001	0.0001	0.0001	−0.0001	0.0001
	(0.11)	(−0.16)	(0.13)	(0.11)	(−0.16)	(0.12)
GENDER	−0.0028	−0.0022	−0.0031	−0.0028	−0.0022	−0.0030
	(−0.57)	(−0.45)	(−0.63)	(−0.56)	(−0.44)	(−0.62)
DEGREE	−0.0010	−0.0013	−0.0010	−0.0011	−0.0013	−0.0011
	(−0.18)	(−0.23)	(−0.18)	(−0.19)	(−0.23)	(−0.19)
AGE	−0.0007	−0.0005	−0.0006	−0.0007	−0.0005	−0.0006
	(−1.37)	(−0.93)	(−1.17)	(−1.37)	(−0.94)	(−1.18)
CONS	4.6643***	4.6549***	4.6637***	4.6676***	4.6582***	4.6691***
	(28.76)	(28.70)	(28.75)	(28.77)	(28.72)	(28.78)
年度	控制	控制	控制	控制	控制	控制
行业	控制	控制	控制	控制	控制	控制
N	13336	13336	13336	13336	13336	13336
调整的 R^2	0.0524	0.0521	0.0525	0.0524	0.0521	0.0525
F 值	17.03***	16.93***	16.71***	17.03***	16.93***	16.71***

注：***、** 和 * 分别表示在 1%、5% 和 10% 水平上显著。

五、中介效应分析

Knechel 和 Payne（2001）实证研究发现，较长的审计延迟意味着较多的审计时间投入。Lambert 等（2017）基于美国要求注册会计师加速披露审计报告的特殊背景，研究审计延迟降低对审计质量的影响，发现审计延迟降低（加速披露审计报告）导致审计质量显著下降，这主要是由于加速披露审计报告使得注册会计师不合理地减少审计投入导致的。第三章验证了签字会计师繁忙度对审计质量的影响，结果显示签字会计师繁忙度越高，审计质量越低。本章进一步使用中介效应来分析签字会计师繁忙度对审计质量产生负面影响的机理。借鉴温忠麟等（2004），中介效应的检验分为以下几个步骤：第一，检验签字会计师繁忙度对审计质量的作用，观察签字会计师繁忙度（APB）的系数是否显著；第二，用审计延迟（DELAY）作为签字会计师付出审计努力的程度（Knechel and Payne，2001；Ettredge et al.，2006；Chan et al.，2012；Jiang and Son，2015），检验签字会计师繁忙度对审计投入的影响，观察签字会计师繁忙度（APB）的系数是否显著；第三，将审计延迟（DELAY）和签字会计师繁忙度（APB）同时放入模型中，考察它们对审计质量的影响，观察审计延迟（DELAY）和签字会计师繁忙度（APB）的系数是否显著。中介效应的检验结果如表 4-10 所示，其中 Panel A 是以审计报告激进度（ARA）作为审计质量，Panel B 是以非标准审计意见（OPINION）作为审计质量。检验结果显示：α_1 显著（式（4-3）），δ_1 显著（式（4-4）），η_1 和 η_1 也显著（式（4-5）），进一步印证了签字会计师繁忙度增加，引起签字会计师投入不足，继而导致审计质量下降的逻辑。

$$AQ = \alpha_0 + \alpha_1 APB + \alpha_2 CONTROL + \varepsilon \qquad (4-3)$$

$$DELAY = \delta_0 + \delta_1 APB + \delta_2 CONTROL + \varepsilon \qquad (4-4)$$

$$AQ = \eta_0 + \eta_1 DELAY + \eta_2 APB + \eta_3 CONTROL + \varepsilon \qquad (4-5)$$

表4-10 中介效应分析

Panel A						
	（1）	（2）	（3）	（4）	（5）	（6）
	ARA	DELAY	ARA	ARA	DELAY	ARA
APB_A	0.0001** (2.00)	−0.0002*** (−3.14)	0.0001* (1.84)			
APB_N				0.0014** (1.98)	−0.0046*** (−3.08)	0.0013* (1.82)
DELAY			−0.0213*** (−5.07)			−0.0213*** (−5.08)
CONS	0.4483*** (13.81)	4.6635*** (28.76)	0.5378*** (14.57)	0.4467*** (13.74)	4.6690*** (28.78)	0.5364*** (14.51)
控制变量	控制	控制	控制	控制	控制	控制
N	12789	13336	12789	12789	13336	12789
调整的 R^2	0.0499	0.0525	0.0517	0.0499	0.0525	0.0517
F 值	16.62***	17.08***	16.85***	16.61***	17.07***	16.85***

Panel B						
	（1）	（2）	（3）	（4）	（5）	（6）
	OPINION	DELAY	OPINION	OPINION	DELAY	OPINION
APB_A	−0.0041** (−2.07)	−0.0002*** (−3.14)	−0.0041** (−2.05)			
APB_N				−0.0864** (−2.02)	−0.0046*** (−3.08)	−0.0864** (−2.00)
DELAY			1.2035*** (4.54)			1.2035*** (4.54)
CONS	10.929*** (5.32)	4.6635*** (28.76)	5.4586** (2.27)	11.0270*** (5.37)	4.6690*** (28.78)	5.5566** (2.31)
控制变量	控制	控制	控制	控制	控制	控制
N	12816	13336	12816	12816	13336	12816
调整的 R^2	—	0.0525	—	—	0.0525	—
Pseudo R^2	0.2638	—	0.2725	0.2637	—	0.2725
F 值	—	17.08***	—	—	17.08***	—
LR Chi2	742.80***	—	767.40***	742.60***	—	767.21***

注：***、** 和 * 分别表示在1%、5%和10%水平上显著。模型（4-3）和模型（4-5）的控制变量（CONTROL）与本书第三章的模型（3-1）保持一致，模型（4-4）的控制变量（CONTROL）与本章的模型（4-1）保持一致。为了方便阅读和比较，这里略去控制变量（CONTROL）的回归系数和显著性。

第五节　稳健性检验

为了验证本章结论的稳健性，这里做了以下稳健性测试：

第一，为了缓解异方差和序列相关对估计结果的影响，本章在公司层面对标准误进行了聚类处理（Cluster），重新回归的结果如表 4-11 的列（1）和列（2）所示，APB_A 和 APB_N 的系数在 5% 的水平上显著为负，这和前文的结论一致。本章在公司层面和年度层面进行了双维聚类处理，主要结果依然存在。

表 4-11　聚类处理

	（1）	（2）	（3）	（4）
	Cluster Id		Cluster Id Year	
	DELAY	DELAY	DELAY	DELAY
APB_A	−0.0002** (−2.23)		−0.0002** (−2.26)	
APB_N		−0.0046** (−2.18)		−0.0051** (−2.23)
SIZE	0.0117** (2.36)	0.0114** (2.30)	0.0185*** (3.25)	0.0182*** (3.21)
LEV	−0.1168*** (−5.02)	−0.1167*** (−5.02)	−0.1563*** (−5.71)	−0.1562*** (−5.71)
ROA	−0.6307*** (−6.26)	−0.6306*** (−6.26)	−0.6544*** (−7.17)	−0.6542*** (−7.17)
REC	0.1294*** (3.17)	0.1294*** (3.17)	0.1831*** (5.66)	0.1829*** (5.65)
INV	−0.0299 (−0.94)	−0.0299 (−0.94)	−0.0312 (−1.03)	−0.0312 (−1.03)
ZSCORE	0.0071 (1.03)	0.0071 (1.03)	0.0063 (0.84)	0.0063 (0.84)
B/M	0.0213*** (4.23)	0.0213*** (4.23)	0.0245** (2.37)	0.0245** (2.38)
LOSS	0.0314*** (2.74)	0.0314*** (2.74)	0.0245** (2.13)	0.0245** (2.13)

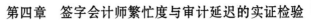

续表

	（1）	（2）	（3）	（4）
	Cluster Id		Cluster Id Year	
	DELAY	DELAY	DELAY	DELAY
IC	−0.0590*	−0.0591*	−0.1113***	−0.1111***
	(−1.89)	(−1.89)	(−4.23)	(−4.22)
CR1	−0.0259	−0.0260	−0.0306	−0.0307
	(−1.03)	(−1.04)	(−1.22)	(−1.23)
SUBSIDIARY	0.0186***	0.0186***	0.0203***	0.0203***
	(4.28)	(4.28)	(4.41)	(4.41)
OPINION	0.0921***	0.0922***	0.0806***	0.0807***
	(3.71)	(3.71)	(2.78)	(2.79)
BIG4	−0.0313**	−0.0315**	−0.0359*	−0.0362*
	(−2.42)	(−2.43)	(−1.65)	(−1.67)
TENURE_F	0.0001	0.0001	0.0003	0.0003
	(0.09)	(0.09)	(0.36)	(0.36)
GENDER	−0.0031	−0.0030	−0.0032	−0.0032
	(−0.50)	(−0.49)	(−0.59)	(−0.59)
DEGREE	−0.0010	−0.0011	−0.0044	−0.0045
	(−0.15)	(−0.15)	(−0.70)	(−0.71)
AGE	−0.0006	−0.0006	0.0001	0.0001
	(−0.97)	(−0.97)	(0.27)	(0.26)
CONS	4.6635***	4.6690***	4.9466***	4.9514***
	(22.50)	(22.53)	(33.41)	(33.55)
年度	控制	控制	控制	控制
行业	控制	控制	控制	控制
N	13336	13336	13336	13336
调整的 R²	0.0525	0.0525	0.0448	0.0448

注：***、** 和 * 分别表示在 1%、5% 和 10% 水平上显著。

第二，本书删除了部分超期违规披露审计报告的样本（属于异常值），回归的结果如表 4-12 所示，主要结论依然存在。

表 4-12　剔除违规披露审计报告的样本

	(1)	(2)
	DELAY	DELAY
APB_A	−0.0002***	
	(−3.18)	
APB_N		−0.0046***
		(−3.13)
SIZE	0.0117***	0.0114***
	(3.21)	(3.14)
LEV	−0.1155***	−0.1155***
	(−6.79)	(−6.79)
ROA	−0.6432***	−0.6432***
	(−8.59)	(−8.59)
REC	0.1301***	0.1301***
	(4.09)	(4.09)
INV	−0.0291	−0.0291
	(−1.30)	(−1.30)
ZSCORE	0.0069	0.0069
	(1.40)	(1.40)
B/M	0.0206***	0.0206***
	(4.53)	(4.53)
LOSS	0.0317***	0.0316***
	(2.84)	(2.84)
IC	−0.0594**	−0.0594**
	(−2.27)	(−2.27)
CR1	−0.0266	−0.0267
	(−1.55)	(−1.55)
SUBSIDIARY	0.0185***	0.0185***
	(6.09)	(6.09)
OPINION	0.0756***	0.0757***
	(4.41)	(4.41)
BIG4	−0.0306**	−0.0308**
	(−2.55)	(−2.56)
TENURE_F	0.0001	0.0001
	(0.13)	(0.12)
GENDER	−0.0023	−0.0023
	(−0.48)	(−0.48)
DEGREE	−0.0014	−0.0014
	(−0.25)	(−0.26)

续表

	(1)	(2)
	DELAY	DELAY
AGE	−0.0005 (−1.05)	−0.0006 (−1.06)
CONS	4.6636*** (28.79)	4.6692*** (28.82)
年度	控制	控制
行业	控制	控制
N	13327	13327
调整的 R^2	0.0522	0.0521
F 值	16.94***	16.93***

注：***、** 和 * 分别表示在 1%、5% 和 10% 水平上显著。

第三，繁忙的签字会计师通常在所中职位较高、声誉较高、资历较老，这些签字会计师可能由于审计效率更高而使审计延迟更短。为了缓解该因素对本章估计结果的影响，[1] 本章借鉴 Chi 等（2017）的方法，采用正交法（Orthogonalize）排除签字会计师声誉和资历的干扰。具体地，用签字会计师繁忙度（APB_A 和 APB_N）对签字会计师年龄（AGE）做线性回归，生成的残差 RESIDUAL_A 和 RESIDUAL_N 代替前文的 APB_A 和 APB_N 再进行回归，回归的结果如表 4−13 的列（1）和列（2）所示，主要结果保持一致。

表 4−13　排除签字会计师声誉和资历的影响

	(1)	(2)
	DELAY	DELAY
RESIDUAL_A	−0.0002*** (−3.12)	
RESIDUAL_N		−0.0046*** (−3.06)
SIZE	0.0116*** (3.18)	0.0113*** (3.11)

---

① 虽然本章模型中控制了签字会计师年龄（AGE），但是这种缓解遗漏变量的方法可能不十分可靠。

续表

	(1)	(2)
	DELAY	DELAY
LEV	−0.1172***	−0.1172***
	(−6.88)	(−6.88)
ROA	−0.6289***	−0.6288***
	(−8.39)	(−8.39)
REC	0.1299***	0.1298***
	(4.07)	(4.07)
INV	−0.0290	−0.0290
	(−1.30)	(−1.30)
ZSCORE	0.0071	0.0070
	(1.43)	(1.43)
B/M	0.0213***	0.0213***
	(4.67)	(4.68)
LOSS	0.0315***	0.0315***
	(2.82)	(2.82)
IC	−0.0592**	−0.0593**
	(−2.26)	(−2.27)
CR1	−0.0252	−0.0253
	(−1.46)	(−1.46)
SUBSIDIARY	0.0187***	0.0187***
	(6.12)	(6.13)
OPINION	0.0917***	0.0918***
	(5.39)	(5.39)
BIG4	−0.0291**	−0.0293**
	(−2.40)	(−2.46)
TENURE_F	0.0000	0.0000
	(0.08)	(0.08)
GENDER	−0.0032	−0.0032
	(−0.66)	(−0.65)
DEGREE	−0.0016	−0.0016
	(−0.28)	(−0.29)
CONS	4.6283***	4.6340***
	(28.71)	(28.75)
年度	控制	控制
行业	控制	控制

续表

	(1)	(2)
	DELAY	DELAY
N	13336	13336
调整的 R^2	0.0525	0.0525
F 值	17.42***	17.42***

注：***、** 和 * 分别表示在 1%、5% 和 10% 水平上显著。

第四，本章的研究内容可能存在一定的自选择问题。当年业绩较好的上市公司通常较早披露财务报告和审计报告，主要原因有两方面：①签字会计师评估这些公司的重大错报风险较低，因而需要执行的审计程序较少，审计延迟较低；②业绩较好的上市公司通常议价能力更强，他们拥有优先审计的权力，因而审计延迟较低。而声誉较高的繁忙签字会计师本身也更可能承接这些优质客户（业绩较好），因而签字会计师繁忙度与审计延迟之间的关系是自选择问题导致的。为此，本章采用倾向匹配得分法（PSM）进行稳健性检验。与本书第三章保持一致，选择公司规模（SIZE）、资产负债率（LEV）、总资产收益率（ROA）、产权性质（STATE）、独立董事比例（INDEP）、是否两职合一（DUALITY）、是否"四大"审计（BIG4）、签字会计师性别（GENDER）、年度（YEAR）以及行业（IND）进行匹配。使用匹配的样本重新进行回归，回归的结果如表 4-14 所示，主要结果保持一致。

表 4-14 倾向匹配得分法

	(1)	(2)
	DELAY	DELAY
APB_A	−0.0002*** (−2.80)	
APB_N		−0.0065*** (−3.64)
SIZE	0.0120** (2.53)	0.0155*** (3.19)
LEV	−0.1079*** (−4.93)	−0.1209*** (−5.46)

续表

	（1）	（2）
	DELAY	DELAY
ROA	−0.7312***	−0.7066***
	(−7.61)	(−7.30)
REC	0.1550***	0.1655***
	(3.87)	(4.06)
INV	−0.0447	−0.0347
	(−1.56)	(−1.20)
ZSCORE	0.0072	0.0084
	(1.14)	(1.31)
B/M	0.0173***	0.0201***
	(2.83)	(3.19)
LOSS	0.0204	0.0393***
	(1.44)	(2.73)
IC	−0.0833**	−0.0822**
	(−2.48)	(−2.38)
CR1	−0.0434**	−0.0565**
	(−1.98)	(−2.54)
SUBSIDIARY	0.0149***	0.0199***
	(3.78)	(4.97)
OPINION	0.0679***	0.1164***
	(3.11)	(5.21)
BIG4	−0.0078	−0.0343
	(−0.30)	(−1.05)
TENURE_F	0.0007	0.0003
	(0.97)	(0.48)
GENDER	−0.0051	−0.0115*
	(−0.83)	(−1.82)
DEGREE	−0.0055	−0.0109
	(−0.78)	(−1.50)
AGE	−0.0006	−0.0009
	(−0.93)	(−1.39)
CONS	4.8083***	4.7309***
	(22.80)	(21.99)
年度	控制	控制
行业	控制	控制

续表

	(1)	(2)
	DELAY	DELAY
N	8589	8365
调整的 R²	0.0569	0.0648
F 值	12.25***	13.59***

注：***、** 和 * 分别表示在 1%、5% 和 10% 水平上显著。

第五，尽管本章实证模型考虑了尽可能多的控制变量，但仍然存在一些无法量化的遗漏变量，遗漏这些变量所产生的内生性问题可能导致回归结果的估计不准确。为此，这里采用工具变量法（IV）进行两阶段回归，以缓解遗漏变量导致的内生性问题。与第三章一致，这里采用事务所内其他签字会计师繁忙度的平均值来作为焦点签字会计师繁忙度的工具变量。两阶段回归的结果如表 4-15 所示，如表 4-15 的列（1）所示，在第一阶段中，APB_A_IV 的系数在 1% 的水平上显著为正，且 Cragg-Donald Wald F 值显示 APB_A_IV 与 APB_A 相关性较高，不存在弱工具变量的情况。如表 4-15 的列（2）所示，在第二阶段中，APB_A 的系数依然显著为负，这和前文的结论一致。另外，这里还进行了 Wu-Hausman 检验，F 值等于 0.8166，在 10% 的水平上仍然不显著。这表明，本章模型并不存在明显的内生性问题。同理使用 APB_N_IV 作为工具变量的检验结果呈现于表 4-15 的列（3）和列（4）中，本章也得到了类似的结果，这里不再赘述。

表 4-15　工具变量法

	(1)	(2)	(3)	(4)
	APB_A	DELAY	APB_N	DELAY
	第一阶段	第二阶段	第一阶段	第二阶段
APB_A_IV	0.9272*** (68.38)			
APB_A		−0.0003** (−2.35)		
APB_N_IV			0.9247*** (68.62)	
APB_N				−0.0066** (−2.28)

续表

	(1)	(2)	(3)	(4)
	APB_A	DELAY	APB_N	DELAY
	第一阶段	第二阶段	第一阶段	第二阶段
SIZE	0.8266** (2.10)	0.0117*** (3.21)	−0.0097 (−0.53)	0.0113*** (3.11)
LEV	−1.4570 (−0.79)	−0.1178*** (−6.92)	−0.0678 (−0.79)	−0.1177*** (−6.92)
ROA	10.1270 (1.25)	−0.6289*** (−8.40)	0.4522 (1.20)	−0.6289*** (−8.40)
REC	0.3761 (0.11)	0.1305*** (4.10)	0.0083 (0.05)	0.1304*** (4.09)
INV	0.6319 (0.26)	−0.0292 (−1.31)	0.0252 (0.23)	−0.0292 (−1.31)
ZSCORE	0.1503 (0.28)	0.0070 (1.41)	0.0077 (0.31)	0.0069 (1.40)
B/M	−1.2107** (−2.46)	0.0212*** (4.67)	−0.0548** (−2.40)	0.0213*** (4.67)
LOSS	1.2736 (1.05)	0.0314*** (2.81)	0.0608 (1.09)	0.0314*** (2.81)
IC	1.2091 (0.43)	−0.0588** (−2.25)	0.0681 (0.52)	−0.0588** (−2.25)
CR1	−1.4145 (−0.76)	−0.0261 (−1.51)	−0.0730 (−0.85)	−0.0262 (−1.52)
SUBSIDIARY	−0.9078*** (−2.75)	0.0185*** (6.08)	−0.0408*** (−2.67)	0.0186*** (6.09)
OPINION	−1.8444 (−1.00)	0.0922*** (5.42)	−0.0755 (−0.88)	0.0923*** (5.42)
BIG4	−0.1160 (−0.09)	−0.0337*** (−2.73)	0.0753 (1.21)	−0.0338*** (−2.73)
TENURE_F	0.4958 (8.63)	0.0002 (0.31)	0.0225*** (8.45)	0.0002 (0.28)
GENDER	−4.1811*** (−7.93)	−0.0036 (−0.73)	−0.1953*** (−7.99)	−0.0035 (−0.71)
DEGREE	0.7205 (1.19)	−0.0009 (−0.16)	0.0283 (1.01)	−0.0010 (−0.18)
AGE	0.1441** (2.55)	−0.0006 (−1.21)	0.0057** (2.18)	−0.0006 (−1.22)

续表

	(1)	(2)	(3)	(4)
	APB_A	DELAY	APB_N	DELAY
	第一阶段	第二阶段	第一阶段	第二阶段
CONS	−28.2059 (−1.61)	4.7393*** (29.38)	−0.2817 (−0.35)	4.7467*** (29.40)
年度	控制	控制	控制	控制
行业	控制	控制	控制	控制
N	13328	13328	13328	13328
调整的 R^2	0.3088	0.0525	0.3181	0.0525
F 值	128.99***	17.03***	134.68***	17.02***

注：***、** 和 * 分别表示在 1%、5% 和 10% 水平上显著。

第六节　本章小结

本章以我国上市公司为研究对象，考察签字会计师繁忙度对审计延迟的影响。研究发现，在其他条件相同的情况下，签字会计师繁忙度与审计延迟呈显著负相关关系，进一步验证了"压力效应"。结果表明，签字会计师繁忙度越高，其能够分配的时间和精力越少，因而审计延迟越低。进一步地，本章根据客户的规模大小和重要性高低区分了大客户和小客户、重要客户和非重要客户，发现签字会计师并非平等地对待客户，繁忙的签字会计师会优先为大客户和重要客户分配充足的审计时间，并保障大客户和重要客户的审计质量，然后为小客户和非重要客户分配时间，因而签字会计师繁忙度与审计延迟的关系在大客户和重要客户中不显著；二者的关系在小客户和非重要客户中呈现显著负相关关系。此外，根据签字会计师的角色差异，本书将签字会计师分为复核签字会计师和项目签字会计师，分别考察复核签字会计师繁忙度以及项目签字会计师繁忙度对审计延迟的影响，发现复核签字会计师繁忙度与审计延迟呈显著负相关关系，而项目签字会计师繁忙度与审计延迟之间的关系不显著。在进行了相关稳健性检验后，本章的主要结论保持一致。

　　本章采用中介效应模型补充论证第三章的作用机制。本章的结论提醒会计师事务所关注繁忙签字会计师的时间预算压力，会计师事务所为签字会计师分配的审计项目数量不应过多，从而确保签字会计师拥有足够的时间开展审计工作，保障审计质量。此外，本章的结论也希望能够引起监管层的关注，监管层可以考虑制定相关的规章制度限制签字会计师每年审计的客户数，同时加强对繁忙签字会计师的监督力度。

第五章 签字会计师繁忙度与审计收费的实证检验

第一节 引 言

审计收费一直以来都是实证审计研究的重要话题。过去很长时间，文献主要关注公司特征以及会计师事务所（分所）特征对审计收费的影响。近年的实证研究表明，签字会计师个体异质性会影响审计质量，如签字会计师人口特征、签字会计师行业专长、签字会计师经验等。而探索签字会计师异质性与审计收费之间关系的文献较为罕见。Carpenter 等（1994）认为，审计服务并非完全的商品化，合伙人有权在审计项目层面做出个人决策。Knechel 等（2013）指出，虽然签字会计师的决策受到事务所质量控制机制的约束，但他们在审计工作中的职业判断具有很高的自主性，这会影响审计时间预算和审计计费率，继而影响审计收费（Hardies et al.，2015）。从审计需求的角度看，在审计过程中，客户的管理层需要频繁地和签字会计师进行互动，如就内部控制存在重大缺陷问题进行沟通和磋商等，这使客户的管理层能够感知签字会计师的声誉，进而影响审计收费。此外，Taylor（2011）指出，管理层还会通过其他途径获悉有关签字会计师声誉和能力的信息。综上所述，签字会计师个体异质性与审计收费理应存在一定的关系。

少有的几篇文献实证研究表明，签字会计师个体异质性会显著影响审计定价

（Taylor，2011；Ittonen and Peni，2012；Zerni，2012；Goodwin and Wu，2014；Hardies et al.，2015；韩维芳，2016）。Taylor（2011）实证研究发现，不论是来自于"四大"还是来自于"非四大"，签字会计师的异质性皆有可能导致审计收费溢价或者折价。Zerni（2012）指出，签字会计师的声誉和经验会显著影响审计预算时间和审计工作计费率（Billing Rates），进而影响审计定价，他以瑞典上市公司为样本，研究发现，签字会计师行业专长与审计收费正相关，即客户能够感知签字会计师具有行业专长能够提高审计质量，从而愿意支付一定的溢价。进一步地，Goodwin 和 Wu（2014）以澳大利亚上市公司为样本，研究发现，签字会计师行业专长与审计收费正相关，且在控制签字会计师行业专长的情形下，事务所分所行业专长与审计收费无关，这意味着签字会计师层面的行业专长才是影响审计收费的决定因素。韩维芳（2016）以中国上市公司为样本研究签字会计师个人经验对审计收费的影响，研究发现，复核签字会计师经验与审计收费正相关，而项目签字会计师经验与审计收费呈负相关关系。Ittonen 和 Peni（2012）、Hardies 等（2015）研究都发现，相比于男性签字会计师，女性签字会计师能够获得更高的审计收费。综上所述，现有文献罕见系统研究签字会计师客户组合特征或者签字会计师繁忙度与审计收费的关系，这为本书的研究提供了契机。

前文的第三章和第四章检验了签字会计师繁忙度与审计质量、审计延迟的关系，研究发现签字会计师繁忙度与审计延迟、审计质量负相关，支持了"压力效应"，而本章重点关注签字会计师繁忙度与审计收费的关系。审计收费由被审计单位和合伙人谈判确定，并反映在审计业务约定书中。那么，由于繁忙的签字会计师往往资历更老、社会声誉更高，那么繁忙的签字会计师是否可以在谈判中获得更高收费？抑或签字会计师繁忙导致的预算工作量下降起主导作用，从而导致审计收费下降？本章对该问题的研究可以进一步补充签字会计师特征与审计收费领域的文献。

第二节　理论分析与假设提出

Simunic（1980）提出了审计收费决定模型，在竞争性的审计市场下，审计收费由审计工作计费率和审计工作量决定，受到审计成本和预期未来发生损失现值两方面的影响，可以用公式表示为：$FEE = pq = cq + E(d|a, q)E(\theta)$。其中，FEE 表示审计收费，p 表示审计工作计费率，q 表示审计工作量，审计定价等于审计工作计费率和审计工作量的乘积，c 表示审计工作的单位成本（包含所有的机会成本和正常利润），$E(d|a, q)E(\theta)$ 表示预期未来可能发生的损失现值。也就是说，在竞争性的审计市场下，审计定价的高低取决于审计成本（包括正常利润）和审计经营风险[①]溢价，审计成本、风险溢价越高，则审计定价越高。

一般认为，签字会计师年度签字的客户数量越多，代表签字会计师的繁忙度越高（Yan and Xie, 2016；Sundgren and Svanström, 2014；Goodwin and Wu, 2016）。根据声誉假说，拥有较多客户是签字会计师能力和声誉的表征，因而签字会计师繁忙度与签字会计师能力和声誉具有较高的相关性，即繁忙的签字会计师往往是社会声誉和地位较高的签字会计师。之前文献从事务所层面（分所）展开研究，发现大所能够获得审计收费溢价（Palmrose, 1986；Choi et al., 2010）。近期的研究表明，签字会计师的行业专长、经验有助于获得审计收费溢价（Zerni, 2012；Goodwin and Wu, 2014；韩维芳, 2016）。注册会计师审计服务是智力密集型行业，审计过程决定了审计质量的高低，但审计过程具有高度专业化的特征，注册会计师提供的审计服务质量高低往往很难被客户和资本市场的投资者观测到，即审计供给方和审计需求方之间存在严重的信息不对称。审计收费通常由被审计单位与会计师事务所的合伙人谈判确认，并在审计业务约定书中反

[①] 审计经营风险不同于审计风险，审计风险指的是被审计单位存在重大错报，而注册会计师发表了不恰当审计意见的可能性；而审计经营风险指的是审计师在未来遭到各种损失的可能性，包括法律诉讼风险和声誉损失风险。

映。从审计需求方的角度看，被审计单位往往只能根据签字会计师的外在特征，如社会地位、声誉而间接判断其提供的审计服务质量。被审计单位能够感知签字会计师的声誉、经验能够保证较高的审计服务质量，且聘请高声誉的签字会计师能够向资本市场的投资者传递公司会计信息质量高的信号，这会为上市公司的投融资活动带来诸多益处，因此被审计单位更愿意为繁忙的签字会计师支付一定程度的溢价。从审计供给方的角度看，合伙人和项目经理往往会亲身参与到审计项目的谈判和执行中，他们有能力影响审计项目的定价决策，具有社会声誉和地位的签字会计师谈判和议价能力更强，因而更可能在审计费用谈判中获得溢价。且声誉高的签字会计师受到资本市场更多的关注，在发生审计失败时，声誉高的签字会计师面临的法律诉讼风险和声誉损失风险更大，其倾向于收取更高的风险溢价，因此具有良好声誉的签字会计师更可能制定较高的审计工作计费率（p）。但是，在精力有限的前提下，签字会计师繁忙度越高，意味着其预期能够投入每个审计项目的审计时间和精力越少，审计工作量（q）越低，审计成本越低，在审计工作计费率（p）不变下，审计收费更低。当然，这种情形存在的前提条件是，审计产品的供求双方不存在信息不对称，审计产品的需求方能够感知签字会计师繁忙度会导致审计投入不足，从而影响审计质量。此时，审计收费会随着签字会计师繁忙度的提高而降低。否则，在信息不对称的情形下，繁忙的签字会计师可以在议价过程中占据主动，从而收取更高的审计费用。综上所述，根据 Simunic（1980）的审计收费（FEE）决定模型，审计收费（pq）同时受到审计工作计费率（p）和审计工作量（q）的影响，而签字会计师繁忙度引致的审计工作计费率（p）上升和审计工作量（q）下降孰大孰小是一个经验问题。因此这里提出竞争性 H5-1a 和 H5-1b：

H5-1a：在其他条件相同的情况下，签字会计师繁忙度与审计收费正相关。

H5-1b：在其他条件相同的情况下，签字会计师繁忙度与审计收费负相关。

第三节 研究设计

一、数据来源与样本说明

本章以中国 2007~2015 年 A 股上市公司为研究对象，并对样本做如下筛选：①剔除金融保险业的样本；②剔除 ST、*ST 的样本；③剔除存在缺失值的样本；④对连续变量在 1% 和 99% 分位点进行了缩尾处理（Winsorize）。本章的签字会计师名称主要来自国泰安数据库（CSMAR），并通过手工查找对错误和缺失的信息进行更正和补漏，具体包括签字会计师姓名遗失、签字会计师姓名书写错误以及两名签字会计师位置颠倒。签字会计师的个人特征数据主要来自于中注协网站，并通过台湾经济新报数据库（TEJ）以及互联网进行手工补充查找得到。其他的数据来源于国泰安数据库（CSMAR）。

二、模型构建和变量定义

借鉴 Hardies 等（2015），本章构建了模型（5-1）：

$$FEE = \beta_0 + \beta_1 APB + \sum_{i=1}^{n} \beta_{i+1} X_{i+1} + \varepsilon \tag{5-1}$$

其中，被解释变量 FEE 为审计收费的自然对数，解释变量 APB 为签字会计师繁忙度，借鉴 Sundgren 和 Svanström（2014）、Yan 和 Xie（2016）以及 Goodwin 和 Wu（2016），用两名签字会计师当年审计的客户数量的平均值（APB_N）和两名签字会计师当年审计的客户总资产的平均值（APB_A）来衡量签字会计师繁忙程度。X 为控制变量的组合，具体变量定义和说明如表 5-1 所示。

表 5-1　变量定义

变量类型		变量名称	变量符号	变量说明
被解释变量		审计收费	FEE	审计收费的自然对数
解释变量		签字会计师繁忙度	APB_A、APB_N	详见第二章式（2-13）、式（2-14）
控制变量	公司特征变量	公司规模	SIZE	总资产的自然对数
		资产负债率	LEV	负债/总资产
		总资产收益率	ROA	净利润/总资产
		应收账款占比	REC	应收账款/总资产
		存货占比	INV	存货/总资产
		账市比	B/M	账面价值/市场价值
		是否亏损	LOSS	虚拟变量，若公司当年亏损，则 LOSS 为 1；否则，LOSS 为 0
		子公司数量	SUBSIDIARY	子公司数量，并取自然对数
		非标准审计意见	OPINION	若当年审计意见为带强调事项段的无保留意见、保留意见、无法表示意见以及否定意见时，OPINION 为 1；否则，OPINION 为 0
	事务所特征变量	事务所规模	BIG4	若上市公司由国际"四大"审计时，BIG4 为 1；否则，BIG4 为 0
		事务所变更	CHANGE	若上市公司当年变更了会计师事务所，[①] 则 CHANGE 为 1；否则，CHANGE 为 0
	签字会计师特征变量	签字会计师性别	GENDER	若两名签字会计师中有一位为女性，则 GENDER 为 1；否则，GENDER 为 0
		签字会计师学历	DEGREE	定义硕士及博士为高学历，当两名签字会计师中有一位为高学历时，DEGREE 为 1；否则，DEGREE 为 0
		签字会计师年龄	AGE	取两名签字会计师年龄的平均值
	其他	人均 GDP	LNGDP	中国 31 个省市自治区人均 GDP 的自然对数，用于衡量地方的物价水平
		年度	YEAR	年度，虚拟变量
		行业	IND	行业，虚拟变量

---

① 不包括由于会计师事务所合并、分立以及更名导致的事务所变更。

第四节 实证结果和分析

一、样本分年度和分行业统计

表 5-2 是本章样本的年度分布情况。表 5-3 是本章样本的行业分布情况，需要指出的是，本章的行业分类是根据证监会 2012 年发布的《上市公司行业分类指引》，借鉴前人经验，制造业采用 2 位，其他行业采用 1 位，在剔除金融保险业（代码为 J）后，共包含了 21 个行业。

表 5-2　样本分年度统计

年份	样本数	样本占比（%）	累计占比（%）
2007	842	6.24	6.24
2008	1065	7.89	14.13
2009	1187	8.80	22.93
2010	1417	10.50	33.43
2011	1628	12.07	45.50
2012	2038	15.10	60.60
2013	1721	12.75	73.36
2014	1490	11.04	84.40
2015	2105	15.60	100.00
总计	13493	100.00	

表 5-3　样本分行业统计

行业	样本数	样本占比（%）	累计占比（%）
A	219	1.62	1.62
B	302	2.24	3.86
C1	1013	7.51	11.37
C2	2521	18.68	30.05

续表

行业	样本数	样本占比（%）	累计占比（%）
C3	4654	34.49	64.54
C4	257	1.90	66.45
D	474	3.51	69.96
E	367	2.72	72.68
F	904	6.70	79.38
G	500	3.71	83.09
H	59	0.44	88.52
I	674	5.00	95.29
K	765	5.67	95.77
L	149	1.10	95.24
M	64	0.47	95.64
N	116	0.86	96.63
O	29	0.21	96.84
P	4	0.03	96.87
Q	18	0.88	97.01
R	119	0.83	97.89
S	285	2.11	100.00
总计	13493	100.00	

二、描述性统计

表 5-4 是本章的描述性统计结果。被解释变量审计收费的自然对数（FEE）的平均值为 13.400，最小值为 12.210，最大值为 15.970。APB_N 的平均值为 3.121，即签字会计师每年平均审计约 3 家上市公司；最大值为 13.500，表明签字会计师在一个会计年度内最多审计约 14 家上市公司。LOSS 的平均值为 0.087，意味着有 8.7%的公司当年亏损。OPINION 的平均值为 0.030，表明有 3%的上市公司获得了非标准的审计意见。BIG4 的平均值为 0.046，即"四大"审计的公司占全样本的 4.6%。CHANGE 的平均值为 0.065，表明发生事务所轮换的样本占全样本的 6.5%。GENDER 的平均值为 0.502，表明有女性签字会计师参与审计的上

市公司约占全样本的一半。DEGREE 的平均值为 0.256，表明有高学历签字会计师参与审计的上市公司约占全样本的 1/4。AGE 的平均值为 40.720，表明签字会计师的平均年龄约为 41 岁，年龄最小的签字会计师仅仅 27 岁，年龄最大的签字会计师为 65.5 岁。[①]

表 5-4　描述性统计

	样本数	平均值	标准差	最小值	中位数	最大值
FEE	13493	13.400	0.609	12.210	13.310	15.970
APB_A	13493	67.790	36.350	18.920	61.950	285.000
APB_N	13493	3.121	1.695	1	3	13.500
SIZE	13493	21.860	1.209	19.370	21.720	25.460
LEV	13493	0.439	0.216	0.040	0.438	0.941
ROA	13493	0.042	0.054	−0.171	0.038	0.211
REC	13493	0.102	0.095	0	0.078	0.430
INV	13493	0.167	0.156	0	0.127	0.760
B/M	13493	0.876	0.835	0.083	0.600	4.691
LOSS	13493	0.087	0.282	0	0	1
SUBSIDIARY	13493	2.152	1.011	0	2.197	5.717
OPINION	13493	0.030	0.169	0	0	1
BIG4	13493	0.046	0.210	0	0	1
CHANGE	13493	0.065	0.246	0	0	1
LNGDP	13493	10.750	0.505	9.440	10.840	11.580
GENDER	13493	0.502	0.500	0	1	1
DEGREE	13493	0.256	0.436	0	0	1
AGE	13493	40.720	4.843	27	40.500	65.500

进一步地，本书根据签字会计师繁忙度高低，将样本分为两组，分别对签字会计师的特征进行描述性统计。具体地，首先本书计算 APB_N 的年度行业中位数，若 APB_N 大于该中位数，则为繁忙组；否则，为非繁忙组。

表 5-5 是复核签字会计师特征的统计结果。

---

① 这里描述的签字会计师年龄为审计报告中两名签字会计师年龄的平均值。

表 5-5　复核签字会计师特征的描述性统计

	非繁忙组		繁忙组		差异检验	非繁忙组		繁忙组		差异检验
Variables	N	Median	N	Median	Chi2	N	Mean	N	Mean	MeanDiff
BIG4	5493	0	8000	0	234.449***	5493	0.080	8000	0.023	0.056***
IMS_1	5493	0	8000	0	0.044	5493	0.072	8000	0.072	−0.001
GENDER_1	5493	0	8000	0	87.537***	5493	0.299	8000	0.227	0.072***
AGE_1	5493	42	8000	43	20.807***	5493	42.970	8000	43.718	−0.748***
DEGREE_1	5493	0	8000	0	7.565**	5493	0.180	8000	0.199	−0.019***

注：***、** 和 * 分别表示在 1%、5% 和 10% 水平上显著。IMS_1 代表复核签字会计师是否具有行业专长；GENDER_1 代表复核签字会计师的性别；AGE_1 代表复核签字会计师的年龄；DEGREE_1 代表复核签字会计师的学历。

首先，在繁忙组中，签字会计师来自"四大"的概率显著更低。原因可能包括两个方面：一是相对于非"四大"，"四大"的规模更大、声誉更高，且根据"深口袋"假说（Dye，1993），"四大"面临的诉讼风险也更大。基于声誉和诉讼风险的考虑，"四大"更有动机去建立良好的质量控制机制，因此，"四大"更可能合理地为签字会计师安排一定数量的客户，从而避免签字会计师过度繁忙对审计质量造成消极影响。二是众所周知，"四大"比非"四大"拥有更多的内部资源（DeAngelo，1981a），包括拥有更多具有专业胜任能力的签字会计师，因此，"四大"在统筹安排年度审计项目时可以更加从容，从而降低签字会计师的繁忙度。反之，非"四大"的规模较小且内部资源受限，每个签字会计师需要负担的审计项目更多，导致签字会计师更加繁忙。

其次，在繁忙组中，女性签字会计师所占的比例更低，这支持了"草坪天花板现象"，即性别歧视阻挡了女性职业晋升的道路。基于"性别歧视"，事务所在分派审计项目时，可能为男性签字会计师分配更多的项目，而减少女性签字会计师承担的项目，导致男性签字会计师更加繁忙。[①] 而从女性签字会计师自身来说，

---

① 2015 年底，中华会计网校为了调查会计师的薪酬水平，在他们的微信平台发起了一次问卷调查。调查结果显示，在 9717 个参与问卷调查的注册会计师中，男女比例是 1∶4，这一数据具体到"四大"里，可能会更为夸张，能够达到 1∶5 以上。但是，与这一夸张的男女比例相对应的，在合伙人阶段女性占比却非常之低。到 2016 年底，女性合伙人占比最高的是德勤，达到了 23.7%，最低的是普华永道，只有 17.1%。

通常她们更加厌恶风险（Ittonen and Peni，2012；Hardies et al.，2015），为了保证有足够的审计时间和精力，她们可能主动选择降低繁忙程度。

再次，在繁忙组中，签字会计师的年龄显著更大，主要是因为年龄越大的签字注册会计师在事务所中的地位和声望越高，在争取客户方面具有明显的优势。

最后，与非繁忙组相比，在繁忙组中，签字会计师的学历显著更高，即学历越高的签字会计师专业胜任能力可能越强，这在吸引客户方面更具有优势。但是，签字会计师行业专长在繁忙组和非繁忙组中并不存在显著差异。

同样地，表 5-6 是项目签字会计师特征的统计结果，主要结论与表 5-5 反映的一致，即相比于非繁忙组，繁忙组中的项目签字会计师更可能来自"非四大"、为女性的概率更低、年龄更大以及学历更高。

表 5-6　项目签字会计师特征的描述性统计

	非繁忙组		繁忙组		差异检验	非繁忙组		繁忙组		差异检验
Variables	N	Median	N	Median	Chi2	N	Mean	N	Mean	MeanDiff
BIG4	5015	0	8478	0	221.813***	5015	0.081	8478	0.025	0.056***
IMS_2	5015	0	8478	0	0.160	5015	0.066	8478	0.065	0.002
GENDER_2	5015	0	8478	0	58.392***	5015	0.382	8478	0.318	0.065***
AGE_2	5015	37	8478	38	86.988***	5015	37.204	8478	38.511	−1.307***
DEGREE_2	5015	0	8478	0	4.087**	5015	0.081	8478	0.091	−0.010**

注：***、** 和 * 分别表示在 1%、5% 和 10% 水平上显著。IMS_2 代表项目签字会计师是否具有行业专长；GENDER_2 代表项目签字会计师的性别；AGE_2 代表项目签字会计师的年龄；DEGREE_2 代表项目签字会计师的学历。

图 5-1 是复核（项目）签字会计师繁忙度的年度分布情况。可以看出在 2007~2015 年，复核（项目）签字会计师的繁忙度均值（APB1_N_MEAN 和 APN2_N_MEAN）都保持在一个稳定的水平，而且相比于项目签字会计师，复核签字会计师繁忙度的均值更高。值得注意的是，自 2012 年起，签字会计师繁忙度的年度最大值（APB1_N_MAX 和 APB2_N_MAX）开始出现一定程度的下降。这可能是因为，我国的会计师事务所大多在 2012 年和 2013 年进行转制，截至 2013 年底，所有证券资格事务所都完成了转制，事务所转制提高了签字会计师个人的法律责任，为了保障审计质量以及回避法律诉讼风险，签字会计师可能主

动减少年度审计客户数量，保证能够为客户提供足够的审计时间。

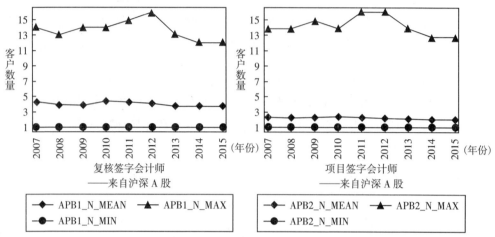

图 5-1 复核（项目）签字会计师繁忙度的年度分布

三、多元线性回归

表 5-7 是审计收费对签字会计师繁忙度的回归结果。在表 5-7 中，签字会计师繁忙度 APB_A、APB_N 的回归系数分别为 0.0009 和 0.0198，都在 1% 的水平上显著为正，这与本章的 H5-1a 一致。结果表明，在其他条件相同的情况下，签字会计师繁忙度越高，审计收费越高。前文验证了签字会计师繁忙度增大会导致签字会计师付出的努力程度降低，但从这里的结果可知，具有较高声誉的签字会计师能够通过制定更高的审计工作计费率来提高审计收费，也就是这种"声誉溢价"效应大于"繁忙减量"效应。这与 Cahan 和 Sun（2015）的研究结论类似。Cahan 和 Sun（2015）指出，虽然签字会计师工作经验越丰富，越有助于提高审计效率、降低审计成本，但会计师事务所并不会将成本节约纳入审计定价中。类似地，签字会计师繁忙度越高，越可能彰显其社会声誉和地位，被审计单位感知其更可能提供高质量的审计服务而愿意支付更高的审计费用。对于繁忙的签字会计师而言，其能够为单个客户分配的时间和精力受限，付出的审计努力程度更低，但这种"繁忙减量"的效应却较少的被纳入审计定价的考虑中。结合本书第三章和第四章的研究结论，签字会计师繁忙度越高，签字会计师投入的时间和精

表 5-7　签字会计师繁忙度与审计收费

	（1）	（2）
	FEE	FEE
APB_A	0.0009***	
	(10.50)	
APB_N		0.0198***
		(10.48)
SIZE	0.2793***	0.2803***
	(64.06)	(64.30)
LEV	0.0138	0.0139
	(0.67)	(0.68)
ROA	−0.0541	−0.0539
	(−0.66)	(−0.66)
REC	0.0344	0.0348
	(0.88)	(0.89)
INV	−0.1250***	−0.1249***
	(−4.42)	(−4.41)
B/M	−0.0270***	−0.0270***
	(−4.54)	(−4.54)
LOSS	0.0482***	0.0482***
	(3.42)	(3.42)
SUBSIDIARY	0.1404***	0.1404***
	(35.87)	(35.86)
OPINION	0.1514***	0.1513***
	(7.65)	(7.64)
BIG4	0.6445***	0.6457***
	(39.69)	(39.73)
CHANGE	−0.0587***	−0.0586***
	(−4.61)	(−4.60)
LNGDP	0.1641***	0.1643***
	(21.37)	(21.38)
GENDER	0.0212***	0.0212***
	(3.38)	(3.38)
DEGREE	−0.0128*	−0.0127*
	(−1.79)	(−1.77)
AGE	−0.0041***	−0.0041***
	(−6.14)	(−6.11)
CONS	5.2254***	5.2001***
	(42.58)	(42.35)

续表

	(1)	(2)
	FEE	FEE
年度	控制	控制
行业	控制	控制
N	13493	13493
调整的 R^2	0.650	0.650
F 值	571.1***	571.1***

注：***、** 和 * 分别表示在 1%、5% 和 10% 水平上显著。

力越少，因此审计质量越低，但被审计单位往往无法识别签字会计师过度繁忙会对审计投入和审计质量造成消极影响。这表明，审计供给需求双方之间存在一定程度的信息不对称。

控制变量中，公司规模（SIZE）和子公司数量（SUBSIDIARY）与审计收费显著正相关，表明被审计单位规模越大、业务越复杂，签字会计师需要付出的审计时间和精力越多，审计成本越高，因此审计收费越高。国际"四大"（BIG4）与审计收费显著正相关，即国际"四大"能够获得溢价收费，这与前人的研究结果一致。事务所变更（CHANGE）与审计收费显著负相关，即相比于非变更的公司，发生事务所变更的公司审计收费显著更低，这表明我国存在明显的"低价揽客"现象（Low-balling），这与前人的研究结果一致。LNGDP 的系数在 1% 的水平上显著为正，表明上市公司所在地物价水平与审计收费显著正相关。GENDER 的系数在 1% 的水平上显著为正，即有女性签字会计师参与审计的项目定价更高，这与 Ittonen 和 Peni（2012）、Hardies 等（2015）的研究结论一致。原因主要包括以下几个方面：第一，女性签字会计师往往是风险回避者（Risk-Averse），在对客户进行风险评估时，女性签字会计师评估的重大错报风险水平通常更高，因而他们更倾向于付出更多的审计时间和努力来降低审计风险，且她们更倾向于提高风险溢价收费来降低审计经营风险；第二，与男性相比，女性往往表现得更加不自信（Croson and Gneezy，2009；Hardies et al.，2011），这使得女性签字会计师要付出更多的审计时间和精力，进而引起审计成本显著上升；第三，与男性相比，女性签字会计师在审计收费磋商时更不可能妥协和让步（Bowles et al.，

2005)，因此更可能与客户达成较高的审计收费。另外，签字会计师学历（DE-GREE）和签字会计师年龄（AGE）与审计收费负相关，这可能是因为签字会计师学历越高、年龄越大时，签字会计师的专业胜任能力越强，因而审计效率越高，审计成本越低，因而审计定价也越低。

四、进一步研究

（一）签字会计师繁忙度、事务所规模与审计收费

相比于非"四大"，"四大"的质量控制机制更加完善（Hunt and Lulseged，2007），"四大"的签字会计师受到的内部制度约束更大，因此签字会计师异质性对审计收费的影响在"四大"中更可能受到抑制。而在非"四大"中，签字会计师的自主性更强，签字会计师拥有更大的权利，受到的监督和约束越小，因此其能够更大程度地影响审计定价和审计质量。韩维芳（2016）研究发现，相比于"十大"，签字会计师工作经验对审计收费的影响在非"十大"中更加显著。闫焕民（2016）研究发现，相比于"十大"，签字会计师工作经验对审计质量的影响在非"十大"中更加显著。那么，在事务所规模不同情况下，签字会计师繁忙度对审计收费的影响是否存在差异？本书将进一步回答该问题。

具体地，本书将全样本区分为"四大"组和非"四大"组，分别检验签字会计师繁忙度对审计收费的影响，回归结果如表5-8所示，在列（1）和列（3）中，APB_A和APB_N的系数不显著；在列（2）和列（4）中，APB_A和APB_N的系数在1%的水平上显著为正。这表明，签字会计师繁忙度对审计收费的影响只存在于非"四大"组中。

表5-8　签字会计师繁忙度、"四大"与审计收费

	（1）	（2）	（3）	（4）
	FEE	FEE	FEE	FEE
	BIG4=1	BIG4=0	BIG4=1	BIG4=0
APB_A	0.0012 (1.13)	0.0009*** (10.65)		
APB_N			0.0321 (1.26)	0.0199*** (10.62)

续表

	（1）	（2）	（3）	（4）
	FEE	FEE	FEE	FEE
	BIG4=1	BIG4=0	BIG4=1	BIG4=0
SIZE	0.3872*** (19.52)	0.2727*** (61.03)	0.3891*** (19.41)	0.2737*** (61.28)
LEV	0.0738 (0.51)	0.0268 (1.30)	0.0723 (0.50)	0.0268 (1.31)
ROA	0.3510 (0.75)	−0.0596 (−0.73)	0.3520 (0.75)	−0.0595 (−0.73)
REC	−0.3180 (−1.25)	0.0357 (0.91)	−0.3180 (−1.25)	0.0360 (0.92)
INV	−0.3400 (−1.63)	−0.1256*** (−4.44)	−0.3400 (−1.63)	−0.1255*** (−4.44)
B/M	−0.0048 (−0.18)	−0.0322*** (−5.24)	−0.0050 (−0.19)	−0.0323*** (−5.25)
LOSS	0.1583* (1.68)	0.0427*** (3.03)	0.1577* (1.67)	0.0427*** (3.03)
SUBSIDIARY	0.1759*** (9.05)	0.1396*** (34.97)	0.1757*** (9.04)	0.1395*** (34.95)
OPINION	0.4466* (1.93)	0.1433*** (7.30)	0.4487* (1.94)	0.1431*** (7.29)
CHANGE	−0.1376** (−2.36)	−0.0516*** (−3.97)	−0.1381** (−2.37)	−0.0516*** (−3.97)
LNGDP	0.0042 (0.10)	0.1715*** (22.12)	0.0043 (0.10)	0.1716*** (22.13)
GENDER	0.0683* (1.81)	0.0196*** (3.11)	0.0689* (1.83)	0.0196*** (3.11)
DEGREE	−0.1074*** (−2.75)	−0.0066 (−0.91)	−0.1067*** (−2.73)	−0.0065 (−0.89)
AGE	0.0052 (0.87)	−0.0043*** (−6.44)	0.0050 (0.83)	−0.0043*** (−6.41)
CONS	4.3416*** (6.40)	5.2993*** (42.49)	4.2969*** (6.31)	5.2736*** (42.27)
年度	控制	控制	控制	控制
行业	控制	控制	控制	控制

续表

	(1)	(2)	(3)	(4)
	FEE	FEE	FEE	FEE
	BIG4=1	BIG4=0	BIG4=1	BIG4=0
N	623	12870	623	12870
调整的 R^2	0.669	0.572	0.669	0.572
F 值	34.93***	401.0***	34.95***	401.0***

注：***、** 和 * 分别表示在 1%、5% 和 10% 水平上显著。

　　为了验证结果的稳健性，本书也将全样本区分为"十大"组和非"十大"组，分别检验签字会计师繁忙度对审计收费的影响，回归结果呈现在表 5-9 中。需要强调的是，"十大"和非"十大"是根据中注协网站每年公布的中国会计师事务所排名区分的。如表 5-9 所示，在列（1）和列（3）中，APB_A 和 APB_N 的系数不显著；在列（2）和列（4）中，APB_A 和 APB_N 的系数在 1% 的水平上显著为正。结果进一步证明了在规模较大的事务所中，签字会计师繁忙度对审计收费的影响较弱。结合以上的结论，可以看出在"四大"审计的公司中，签字会计师繁忙度对审计收费的影响不显著，且在"第五至第十大"审计的公司中，签字会计师繁忙度对审计收费的影响也不显著，签字会计师繁忙度对审计收费的影响主要体现在非"十大"中。

表 5-9　签字会计师繁忙度、"十大"与审计收费

	(1)	(2)	(3)	(4)
	FEE	FEE	FEE	FEE
	BIG10=1	BIG10=0	BIG10=1	BIG10=0
APB_A	−0.0002 (−1.32)	0.0011*** (10.17)		
APB_N			−0.0052 (−1.62)	0.0239*** (10.11)
SIZE	0.3485*** (55.20)	0.2673*** (43.62)	0.3480*** (54.98)	0.2685*** (43.85)
LEV	−0.0423 (−1.25)	0.0282 (1.05)	−0.0423 (−1.25)	0.0281 (1.05)

续表

	（1）	（2）	（3）	（4）
	FEE	FEE	FEE	FEE
	BIG10=1	BIG10=0	BIG10=1	BIG10=0
ROA	−0.0850 (−0.66)	0.0389 (0.35)	−0.0837 (−0.65)	0.0391 (0.36)
REC	0.0815 (1.35)	0.0193 (0.36)	0.0814 (1.35)	0.0198 (0.37)
INV	−0.2431*** (−5.20)	−0.0898** (−2.44)	−0.2424*** (−5.18)	−0.0896** (−2.44)
B/M	−0.0387*** (−4.49)	−0.0314*** (−3.55)	−0.0387*** (−4.49)	−0.0314*** (−3.56)
LOSS	0.0365* (1.66)	0.0584*** (3.05)	0.0365* (1.66)	0.0584*** (3.05)
SUBSIDIARY	0.1429*** (23.25)	0.1254*** (23.61)	0.1429*** (23.25)	0.1254*** (23.59)
OPINION	0.1360*** (4.33)	0.1778*** (6.71)	0.1356*** (4.32)	0.1774*** (6.70)
CHANGE	−0.0648*** (−3.37)	−0.0406** (−2.26)	−0.0653*** (−3.40)	−0.0406** (−2.26)
LNGDP	0.2177*** (17.65)	0.1286*** (12.39)	0.2177*** (17.65)	0.1289*** (12.43)
GENDER	0.0315*** (3.22)	0.0260*** (3.06)	0.0312*** (3.18)	0.0261*** (3.07)
DEGREE	−0.0097 (−0.86)	0.0018 (0.18)	−0.0097 (−0.87)	0.0018 (0.19)
AGE	−0.0110*** (−10.00)	−0.0017* (−1.88)	−0.0110*** (−10.01)	−0.0016* (−1.85)
CONS	3.7419*** (19.27)	5.6874*** (34.14)	3.7550*** (19.29)	5.6544*** (33.94)
年度	控制	控制	控制	控制
行业	控制	控制	控制	控制
N	6705	6788	6705	6788
调整的 R²	0.645	0.544	0.645	0.544
F 值	284.8***	193.6***	284.9***	193.5***

注：***、** 和 * 分别表示在 1%、5% 和 10% 水平上显著。

（二）复核（项目）签字会计师繁忙度与审计收费

前文指出，签字会计师繁忙度与审计收费的正相关关系主要是"声誉溢价"主导的结果，即与非繁忙签字会计师相比，声誉较高的签字会计师往往会制定更高的审计计费率（p），在审计预算时间降低的情形下，审计收费依然较高。我国的审计报告由两名签字会计师签字并盖章，由于两名签字会计师的职位和角色不同，因此他们对审计收费的影响程度可能存在差异。本部分区分了签字会计师的角色，进一步考察复核签字会计师繁忙度和项目签字会计师繁忙度对审计收费的影响，回归结果如表 5-10 所示，在列（1）、列（2）、列（4）和列（5）中，不论是复核签字会计师繁忙度还是项目签字会计师繁忙度，都与审计收费呈显著正相关关系。但是，在列（3）和列（6）中，本书将复核签字会计师繁忙度和项目签字会计师繁忙度同时纳入回归模型中，发现只有复核签字会计师繁忙度与审计收费在1%的水平上显著为正，而项目签字会计师繁忙度与审计收费的关系为正，但是不显著。此外，回归的系数差异检验（F 检验）显示：APB_A_1 和 APB_A_2 的系数在 1%的水平上存在显著性差异，APB_N_1 和 APB_N_2 的系数也在 1%的水平上存在显著性差异。结果表明，复核签字会计师的"声誉溢价"发挥了主导作用。原因主要是，审计收费通常在签订审计业务约定书时确定，复核签字会计师往往是会计师事务所的合伙人，审计项目的谈判、承揽以及审计收费的磋商事宜主要由合伙人负责，待审计项目落地后，再由项目签字会计师负责外勤审计工作。因此，复核签字会计师（合伙人）的特征会显著地影响审计费，即复核签字会计师的繁忙度越高，社会声誉越高，其更可能获得"声誉溢价"，从而导致更高的审计收费。签字会计师过度繁忙导致的审计时间不足却没有充分体现在审计收费中，这在一定程度上表明审计市场存在信息不对称，作为审计产品需求方的上市公司并没有感知签字会计师过度繁忙会对审计质量造成不利影响，而作为审计产品供给方的签字会计师则利用社会声誉赚取了超额审计费用。

表 5-10 复核（项目）签字会计师繁忙度与审计收费

	(1)	(2)	(3)	(4)	(5)	(6)
	FEE	FEE	FEE	FEE	FEE	FEE
APB_A_1	0.0007*** (11.73)		0.0006*** (11.44)			
APB_A_2		0.0002*** (2.58)	0.0000 (0.30)			
APB_N_1				0.0140*** (11.71)		0.0140*** (11.42)
APB_N_2					0.0052*** (2.61)	0.0006 (0.28)
SIZE	0.2795*** (64.18)	0.2798*** (63.93)	0.2795*** (64.16)	0.2803*** (64.36)	0.2800*** (63.99)	0.2803*** (64.35)
LEV	0.0131 (0.64)	0.0110 (0.54)	0.0132 (0.64)	0.0132 (0.64)	0.0110 (0.54)	0.0133 (0.65)
ROA	−0.0508 (−0.63)	−0.0415 (−0.51)	−0.0512 (−0.63)	−0.0506 (−0.62)	−0.0416 (−0.51)	−0.0510 (−0.63)
REC	0.0372 (0.95)	0.0323 (0.82)	0.0371 (0.95)	0.0375 (0.96)	0.0323 (0.82)	0.0373 (0.96)
INV	−0.1253*** (−4.43)	−0.1252*** (−4.41)	−0.1253*** (−4.43)	−0.1251*** (−4.43)	−0.1252*** (−4.41)	−0.1251*** (−4.43)
B/M	−0.0273*** (−4.59)	−0.0279*** (−4.67)	−0.0272*** (−4.58)	−0.0273*** (−4.60)	−0.0279*** (−4.67)	−0.0273*** (−4.59)
LOSS	0.0485*** (3.44)	0.0493*** (3.48)	0.0484*** (3.44)	0.0485*** (3.44)	0.0493*** (3.48)	0.0485*** (3.44)
SUBSIDIARY	0.1403*** (35.88)	0.1399*** (35.59)	0.1403*** (35.88)	0.1403*** (35.87)	0.1399*** (35.59)	0.1403*** (35.87)
OPINION	0.1521*** (7.69)	0.1482*** (7.46)	0.1521*** (7.69)	0.1520*** (7.69)	0.1482*** (7.46)	0.1520*** (7.69)
BIG4	0.6452*** (39.84)	0.6239*** (38.54)	0.6455*** (39.79)	0.6466*** (39.88)	0.6241*** (38.54)	0.6469*** (39.83)
CHANGE	−0.0571*** (−4.49)	−0.0679*** (−5.33)	−0.0570*** (−4.48)	−0.0569*** (−4.47)	−0.0679*** (−5.33)	−0.0569*** (−4.47)
LNGDP	0.1627*** (21.19)	0.1671*** (21.68)	0.1627*** (21.19)	0.1628*** (21.21)	0.1671*** (21.69)	0.1628*** (21.21)
GENDER	0.0210*** (3.36)	0.0161** (2.57)	0.0211*** (3.37)	0.0211*** (3.37)	0.0161** (2.57)	0.0212*** (3.38)
DEGREE	−0.0133* (−1.86)	−0.0120* (−1.67)	−0.0133* (−1.86)	−0.0132* (−1.83)	−0.0120* (−1.66)	−0.0132* (−1.83)

续表

	（1）	（2）	（3）	（4）	（5）	（6）
	FEE	FEE	FEE	FEE	FEE	FEE
AGE	−0.0036***	−0.0043***	−0.0036***	−0.0036***	−0.0043***	−0.0036***
	（−5.35）	（−6.29）	（−5.34）	（−5.32）	（−6.29）	（−5.31）
CONS	5.2207***	5.2484***	5.2206***	5.2011***	5.2424***	5.2004***
	（42.59）	（42.62）	（42.59）	（42.41）	（42.55）	（42.40）
年度	控制	控制	控制	控制	控制	控制
行业	控制	控制	控制	控制	控制	控制
N	13493	13493	13493	13493	13493	13493
调整的 R^2	0.651	0.648	0.651	0.651	0.648	0.651
F 值	572.9***	564.4***	560.1***	572.9***	564.4***	560.1***

注：***、** 和 * 分别表示在 1%、5% 和 10% 水平上显著。

第五节 稳健性检验

第一，为了缓解异方差和序列相关对估计结果的影响，本章在公司层面对标准误进行了聚类处理（Cluster），重新进行回归，结果如表 5-11 的列（1）和列（2）所示，APB_A 和 APB_N 的系数在 1% 的水平上显著为正，这和前文的结论一致。其次本章在公司层面和年度层面进行了双维聚类处理（Cluster Id Year），APB_A 和 APB_N 的系数依然在 1% 的水平上显著为正，这和前文的结论一致。

表 5-11 聚类调整

	（1）	（2）	（3）	（4）
	FEE	FEE	FEE	FEE
	Cluster Id		Cluster Id Year	
APB_A	0.0009***		0.0009***	
	（6.77）		（7.16）	
APB_N		0.0198***		0.0189***
		（6.76）		（7.12）

续表

	(1)	(2)	(3)	(4)
	FEE	FEE	FEE	FEE
	Cluster Id		Cluster Id Year	
SIZE	0.2793*** (27.85)	0.2803*** (27.97)	0.2818*** (29.98)	0.2828*** (30.03)
LEV	0.0138 (0.37)	0.0139 (0.37)	−0.0037 (−0.11)	−0.0038 (−0.11)
ROA	−0.0541 (−0.41)	−0.0539 (−0.41)	−0.1100 (−0.92)	−0.1100 (−0.92)
REC	0.0344 (0.47)	0.0348 (0.47)	0.0672 (1.00)	0.0678 (1.01)
INV	−0.1250** (−2.41)	−0.1249** (−2.41)	−0.1308*** (−2.86)	−0.1308*** (−2.86)
B/M	−0.0270** (−2.35)	−0.0270** (−2.35)	−0.0229*** (−2.66)	−0.0229*** (−2.66)
LOSS	0.0482*** (2.69)	0.0482*** (2.70)	0.0497*** (2.94)	0.0497*** (2.95)
SUBSIDIARY	0.1404*** (18.11)	0.1404*** (18.11)	0.1414*** (18.46)	0.1414*** (18.44)
OPINION	0.1514*** (5.69)	0.1513*** (5.69)	0.1493*** (6.02)	0.1491*** (6.01)
BIG4	0.6445*** (15.35)	0.6457*** (15.38)	0.6365*** (16.00)	0.6374*** (16.01)
CHANGE	−0.0587*** (−4.49)	−0.0586*** (−4.48)	−0.0586*** (−4.18)	−0.0586*** (−4.18)
LNGDP	0.1641*** (9.78)	0.1643*** (9.79)	0.1908*** (13.47)	0.1913*** (13.51)
GENDER	0.0212** (2.18)	0.0212** (2.18)	0.0204** (2.37)	0.0204** (2.36)
DEGREE	−0.0128 (−1.06)	−0.0127 (−1.05)	−0.0174 (−1.53)	−0.0173 (−1.53)
AGE	−0.0041*** (−3.82)	−0.0041*** (−3.80)	−0.0030*** (−2.67)	−0.0030*** (−2.64)
CONS	5.2254*** (19.24)	5.2001*** (19.15)	4.9748*** (27.67)	4.9491*** (27.52)
年度	控制	控制	Cluster	Cluster

续表

	（1）	（2）	（3）	（4）
	FEE	FEE	FEE	FEE
	Cluster Id		Cluster Id Year	
行业	控制	控制	控制	控制
N	13493	13493	13493	13493
调整的 R^2	0.650	0.650	0.648	0.648

注：***、** 和 * 分别表示在 1%、5% 和 10% 水平上显著。

第二，通货膨胀也会对审计收费产生影响，因此借鉴张龙平等（2016）的做法，以本书样本初始年份为基期（2007 年），对 2008~2015 年的审计收费按照居民消费价格指数（CPI）进行调整，生成的新变量 FEE_A 后放入模型中重新进行回归，结果如表 5-12 所示，主要结果依然存在。

表 5-12 物价调整后的审计收费

	（1）	（2）
	FEE_A	FEE_A
APB_A	0.0009*** (10.50)	
APB_N		0.0198*** (10.48)
SIZE	0.2793*** (64.06)	0.2803*** (64.30)
LEV	0.0138 (0.67)	0.0139 (0.68)
ROA	−0.0541 (−0.66)	−0.0539 (−0.66)
REC	0.0344 (0.88)	0.0348 (0.89)
INV	−0.1250*** (−4.42)	−0.1249*** (−4.41)
B/M	−0.0270*** (−4.54)	−0.0270*** (−4.54)
LOSS	0.0482*** (3.42)	0.0482*** (3.42)

续表

	（1）	（2）
	FEE_A	FEE_A
SUBSIDIARY	0.1404***	0.1404***
	(35.87)	(35.86)
OPINION	0.1514***	0.1513***
	(7.65)	(7.64)
BIG4	0.6445***	0.6457***
	(39.69)	(39.73)
CHANGE	−0.0587***	−0.0586***
	(−4.61)	(−4.60)
LNGDP	0.1641***	0.1643***
	(21.37)	(21.38)
GENDER	0.0212***	0.0212***
	(3.38)	(3.38)
DEGREE	−0.0128*	−0.0127*
	(−1.79)	(−1.77)
AGE	−0.0041***	−0.0041***
	(−6.14)	(−6.11)
CONS	5.2254***	5.2001***
	(42.58)	(42.35)
年度	控制	控制
行业	控制	控制
N	13493	13493
调整的 R^2	0.636	0.636
F 值	536.4***	536.3***

注：***、** 和 * 分别表示在1%、5%和10%水平上显著。

第三，为了缓解变量的衡量偏误，采用签字会计师繁忙度的虚拟变量（APB_A_Dummy 和 APB_N_Dummy）作为模型的解释变量。首先，计算出年度行业内签字会计师繁忙度的中位数，当签字会计师繁忙度大于该中位数，则定义为繁忙的签字会计师（APB_A_Dummy=1；APB_N_Dummy=1），否则，则为非繁忙的签字会计师（APB_A_Dummy=0；APB_N_Dummy=0）。其次，用 APB_A_Dummy 代替 APB_A 以及用 APB_N_Dummy 代替 APB_N，重新对模型（5-1）进行回归，结果如表5-13所示，在列（1）、列（2）中，APB_A_Dummy 和 APB_N_Dummy 的系数都在1%的水平上显著，这和前文的研究结论一致。

表 5-13 签字会计师繁忙度虚拟变量的检验

	（1）	（2）
	FEE	FEE
APB_A_Dummy	0.0509*** (8.04)	
APB_N_Dummy		0.0436*** (6.80)
SIZE	0.2795*** (64.00)	0.2804*** (64.17)
LEV	0.0130 (0.63)	0.0127 (0.62)
ROA	−0.0410 (−0.50)	−0.0423 (−0.52)
REC	0.0380 (0.97)	0.0364 (0.93)
INV	−0.1264*** (−4.46)	−0.1265*** (−4.46)
B/M	−0.0276*** (−4.63)	−0.0278*** (−4.67)
LOSS	0.0497*** (3.52)	0.0489*** (3.46)
SUBSIDIARY	0.1397*** (35.63)	0.1396*** (35.59)
OPINION	0.1501*** (7.57)	0.1503*** (7.58)
BIG4	0.6392*** (39.29)	0.6376*** (39.10)
CHANGE	−0.0634*** (−4.98)	−0.0643*** (−5.05)
LNGDP	0.1643*** (21.35)	0.1650*** (21.42)
GENDER	0.0190*** (3.03)	0.0184*** (2.93)
DEGREE	−0.0126* (−1.75)	−0.0128* (−1.77)
AGE	−0.0040*** (−5.89)	−0.0040*** (−5.88)
CONS	5.2539*** (42.75)	5.2290*** (42.51)

续表

	（1）	（2）
	FEE	FEE
年度	控制	控制
行业	控制	控制
N	13493	13493
调整的 R²	0.649	0.649
F 值	568.2***	567.0***

注：***、** 和 * 分别表示在 1%、5% 和 10% 水平上显著。

第四，本章可能还存在遗漏变量导致的内生性问题，从而导致签字会计师繁忙度（APB_A、APB_N）的估计系数不准确。为此，这里采用工具变量法（IV），重新进行两阶段回归分析。与第三章和第四章保持一致的是，本章采用同年度同一家事务所内其他签字会计师的繁忙度作为工具变量。两阶段回归的结果如表5-14的列（1）所示，APB_A_IV的系数在1%的水平上显著，且根据Stock-Yogo（2005）的方法检验发现，本书选取的工具变量较为可靠，不存在弱工具变量的情况。在列（2）中，APB_A的系数依然在1%的水平上显著为正，前文结论依然得到验证。另外，根据Wu-Hausman检验，本章的模型确实存在一定的内生性问题，但是本章在运用工具变量法缓解内生性问题后，依然得到了一致的结论。同理，使用APB_N_IV作为工具变量的检验结果如表5-14的列（3）和列（4）所示，主要结论保持一致，这里不再赘述。总体而言，本章的研究结论较为可靠。

表 5-14　工具变量法

	（1）	（2）	（3）	（4）
	APB_A	FEE	APB_N	FEE
APB_A_IV	0.9392*** (68.63)			
APB_A		0.0027*** (15.52)		
APB_N_IV			0.9370*** (68.87)	
APB_N				0.0573*** (15.26)

续表

	（1）	（2）	（3）	（4）
	APB_A	FEE	APB_N	FEE
SIZE	0.8621**	0.2783***	−0.0066	0.2813***
	(2.34)	(62.90)	(−0.39)	(63.66)
LEV	−0.6618	0.0218	−0.0348	0.0218
	(−0.38)	(1.05)	(−0.43)	(1.05)
ROA	14.1858**	−0.0862	0.6455**	−0.0849
	(2.06)	(−1.04)	(2.03)	(−1.03)
REC	2.2794	0.0384	0.0997	0.0392
	(0.69)	(0.97)	(0.65)	(0.99)
INV	0.3458	−0.1248***	0.0101	−0.1246***
	(0.14)	(−4.35)	(0.09)	(−4.35)
B/M	−0.9644*	−0.0248***	−0.0446*	−0.0249***
	(−1.92)	(−4.11)	(−1.92)	(−4.14)
LOSS	1.7875	0.0454***	0.0839	0.0455***
	(1.50)	(3.18)	(1.52)	(3.19)
SUBSIDIARY	−0.7200**	0.1416***	−0.0335**	0.1414***
	(−2.18)	(35.67)	(−2.19)	(35.65)
OPINION	−0.7702	0.1569***	−0.0321	0.1564***
	(−0.46)	(7.81)	(−0.41)	(7.79)
BIG4	−0.1839	0.6906***	0.0712	0.6927***
	(−0.13)	(40.82)	(1.08)	(40.83)
CHANGE	−6.8902***	−0.0394***	−0.3208***	−0.0396***
	(−6.41)	(−3.03)	(−6.44)	(−3.05)
LNGDP	−1.0817*	0.1587***	−0.0486	0.1592***
	(−1.66)	(20.34)	(−1.61)	(20.43)
GENDER	−4.3583***	0.0329***	−0.2047***	0.0326***
	(−8.24)	(5.12)	(−8.35)	(5.07)
DEGREE	0.6272	−0.0141*	0.0238	−0.0136*
	(1.03)	(−1.93)	(0.85)	(−1.87)
AGE	0.1599***	−0.0042***	0.0064**	−0.0042***
	(2.82)	(−6.20)	(2.45)	(−6.11)
CONS	−4.8903***	5.2790***	0.8301*	5.2101***
	(−0.45)	(40.45)	(1.65)	(39.90)
年度	控制	控制	控制	控制
行业	控制	控制	控制	控制

续表

	（1）	（2）	（3）	（4）
	APB_A	FEE	APB_N	FEE
N	13484	13484	13484	13484
调整的 R^2	0.301	0.639	0.309	0.640
F 值	131.27***	556.9***	136.65***	557.6***

注：***、** 和 * 分别表示在 1%、5% 和 10% 水平上显著。

第五，研究表明，我国的审计市场集中度低，竞争激烈，是典型的"买方市场"，因而上市公司在轮换会计师事务所时，存在严重的"低价揽客"现象（Huang et al.，2014），为了避免"低价揽客"对本书估计结果产生的影响，本章将样本中发生会计师事务所变更的样本删除，并重新对模型（5-1）进行回归，结果如表 5-15 所示，主要结论保持一致。

表 5-15　剔除会计师事务所轮换的样本

	（1）	（2）
	FEE	FEE
APB_A	0.0009*** (10.35)	
APB_N		0.0200*** (10.35)
SIZE	0.2797*** (61.94)	0.2808*** (62.18)
LEV	0.0128 (0.60)	0.0129 (0.60)
ROA	−0.0565 (−0.67)	−0.0562 (−0.67)
REC	0.0376 (0.93)	0.0378 (0.93)
INV	−0.1305*** (−4.41)	−0.1303*** (−4.40)
B/M	−0.0270*** (−4.39)	−0.0271*** (−4.39)
LOSS	0.0474*** (3.23)	0.0474*** (3.24)

续表

	(1)	(2)
	FEE	FEE
SUBSIDIARY	0.1378***	0.1377***
	(33.98)	(33.96)
OPINION	0.1429***	0.1427***
	(6.79)	(6.78)
BIG4	0.6554***	0.6566***
	(38.29)	(38.32)
LNGDP	0.1643***	0.1644***
	(20.63)	(20.64)
GENDER	0.0214***	0.0213***
	(3.30)	(3.30)
DEGREE	−0.0102	−0.0101
	(−1.38)	(−1.36)
AGE	−0.0046***	−0.0045***
	(−6.58)	(−6.55)
CONS	5.2484***	5.2228***
	(41.27)	(41.05)
年度	控制	控制
行业	控制	控制
N	12620	12620
调整的 R^2	0.648	0.648
F 值	541.1***	541.1***

注：***、** 和 * 分别表示在 1%、5% 和 10% 水平上显著。

第六节 本章小结

审计收费由审计计费率（p）和审计预算工作量（q）共同决定。本章重点关注签字会计师繁忙度对审计收费的影响。本章的研究结果显示：在其他条件相同的情形下，签字会计师繁忙度越高，审计收费越高，即"声誉溢价"效应大于

"繁忙减量"效应,对审计收费的决定起到了主导作用。结合本书的第三章和第四章的研究结论,可以发现签字会计师的繁忙度越高,其面临的时间预算压力越大,因而能够为客户分配的时间和精力越少,这种情况下,签字会计师更可能较早结束审计项目,提前签字,进而导致审计质量下降。但是,作为审计的需求方,上市公司往往很难准确识别注册会计师提供的审计服务质量高低,其只能通过观察签字会计师外在特征如声誉和社会地位来判断,因而上市公司在与合伙人就审计费用进行谈判时,更可能向繁忙签字会计师支付更多审计费用,但上市公司却没有充分识别签字会计师过度繁忙对审计质量的消极影响。本书的研究结论证明了审计市场供求双方信息不对称的存在。

进一步测试中,本章将全样本区分为"四大"和非"四大",考察签字会计师繁忙度与审计收费的关系,结果显示签字会计师繁忙度与审计收费关系只存在于非"四大"中;在"四大"审计公司中,二者的关系不显著。基于稳健性的考虑,将全样本区分为"十大"和非"十大",考察签字会计师繁忙度与审计收费的关系,结果显示,签字会计师繁忙度与审计收费关系只存在于非"十大"中;在"十大"审计公司中,二者的关系不显著。根据签字会计师的角色差异,将签字会计师分为复核签字会计师和项目签字会计师,同时考察复核签字会计师繁忙度和项目签字会计师繁忙度对审计收费的影响,发现复核签字会计师繁忙度与审计收费显著正相关,但项目签字会计师繁忙度与审计收费的关系不显著,表明复核签字会计师繁忙度(合伙人)在审计项目定价过程中发挥着决定作用。

第六章　研究结论和政策建议

第一节　研究结论和展望

一、研究结论

近几年，关于注册会计师审计问题的研究已经从会计师事务所总所（分所）层面过渡到签字会计师层面，并取得了诸多有意义的成果，这也为本书的研究提供了很好的借鉴和参考。本书结合中国的实际问题，继续开展签字会计师层面的审计问题研究。本书聚焦我国的签字会计师繁忙现象，基于我国特殊的制度背景和审计市场结构，研究签字会计师繁忙度对签字会计师行为的影响，进而研究其对审计结果的影响，从而能够丰富签字会计师层面的审计研究，并将工作压力领域的研究拓展到注册会计师职业。在全面回顾和总结现有文献的基础上，本书理论分析签字会计师繁忙度对签字会计师行为和审计结果产生影响的机理，构建适合中国资本市场的实证检验模型，选取 2007~2015 年我国 A 股的上市公司为研究样本，对若干问题进行实证研究，最终得到具体的研究结论，并提出政策建议。下文主要从三个方面阐述本书的研究结论。

第一，签字会计师繁忙度与审计质量的关系。以一个年度内签字会计师审计的上市公司数量和总资产作为签字会计师繁忙度的替代指标，以审计报告激进度、非标准审计意见作为审计质量的替代指标，构建数学模型，实证检验签字会

计师繁忙度对审计质量的影响。实证结果显示:

(1) 在其他条件相同的情形下,签字会计师繁忙度与审计质量呈显著的负相关关系,这意味着签字会计师繁忙度越高,审计质量越低,支持了"压力效应"。

(2) 进一步地,本书考察了签字会计师审计工作经验、签字会计师轮换以及审计任期对签字会计师繁忙度与审计质量之间关系的调节作用,发现签字会计师的审计工作经验、签字会计师的审计任期能够有效缓解签字会计师繁忙度对审计质量的消极作用,即在签字会计师的审计工作经验较为丰富、审计任期较长的组中,签字会计师繁忙度与审计质量关系不显著;反之,在签字会计师的审计工作经验较为薄弱、审计任期较短的组中签字会计师繁忙度与审计质量呈显著负相关关系,且签字会计师审计工作经验与签字会计师繁忙度的交互项、签字会计师审计任期与签字会计师繁忙度的交互项显著。而在发生两名签字会计师轮换的组中,签字会计师繁忙度与审计质量呈显著负相关关系;反之,签字会计师繁忙度与审计质量的关系不显著。这些结论共同支持了"学习效应理论",即签字会计师审计工作经验越丰富,在审计过程中的工作效率越高,即使在审计时间受限的情形下,依然可以保障较高的审计质量。类似地,签字会计师审计任期越长,签字会计师对被审计单位的经营业务、内部控制流程以及重大错报风险点更加熟悉和了解,因而在审计过程中更加得心应手,审计效率大大提高,从而有效缓解了签字会计师繁忙度对审计质量的消极影响。

(3) 现有文献发现,繁忙的独立董事对上市公司并非"一视同仁",他们会为高声誉公司付出更多的时间和精力,治理效果更好。本书沿着这个思路,考察繁忙的签字会计师是否区别对待客户,从而提供不同的审计质量。研究发现,繁忙的签字会计师对大公司更加谨慎和保守,并付出更多的时间和精力去审计大公司,因而签字会计师繁忙度与审计质量的关系在大公司中不显著;而二者之间的关系在小公司中呈现显著的负相关关系。

(4) 我国的审计报告由两名签字会计师签字,二者的个人特征存在差异,因此本书将复核签字会计师繁忙度和项目签字会计师繁忙度同时放入模型中,重新进行回归,发现复核签字会计师繁忙度与审计质量呈显著负相关关系,而项目签字会计师繁忙度与审计质量不相关。在进行替换变量、公司层面聚类处理、公司和年度层面双维聚类处理、倾向匹配得分法（PSM）、加入其他控制变量、工具变量法（IV）等稳健性测试后，主要结论保持一致。

第二，签字会计师繁忙度与审计延迟的关系。借鉴前人文献，以一个年度内签字会计师审计的上市公司数量和总资产作为签字会计师繁忙度的替代指标，建立数学模型，实证检验签字会计师繁忙度与审计延迟的关系。结果显示：

（1）在其他条件相同的情况下，签字会计师繁忙度与审计延迟呈显著负相关关系，即签字会计师繁忙度越高，签字会计师付出的努力程度越低，这也进一步印证了签字会计师繁忙度与审计质量的负相关关系。

（2）考虑到签字会计师对客户并非"一视同仁"，本书根据客户规模大小、客户重要性高低，将样本分为大客户和小客户、重要客户和非重要客户，分组进行回归分析。结果表明，在大客户和重要客户中，签字会计师繁忙度与审计延迟的关系并不显著，而在小客户和非重要客户中，签字会计师繁忙度与审计延迟的关系呈显著负相关关系。这意味着在审计时间受限的情况下，繁忙的签字会计师倾向于对大客户和重要客户保持谨慎性，并付出更多的时间和精力，因此审计质量也更有保障。

（3）在区分了签字会计师角色后，发现只有复核签字会计师繁忙度与审计延迟呈显著负相关关系，而项目签字会计师繁忙度与审计延迟的关系不显著。

（4）为了进一步验证"签字会计师繁忙度上升，审计师努力程度下降，进而导致审计质量下降"的路径，本书构建了中介效应模型。在第三个方程中，将签字会计师繁忙度和审计延迟作为解释变量都放入模型中，结果显示签字会计师繁忙度依然与审计质量呈显著负相关关系，而审计延迟与审计质量呈显著正相关关系，进一步证明了本书的逻辑。在进行替换变量、公司层面聚类处理、公司和年度层面双维聚类处理、正交化处理、倾向匹配得分法（PSM）以及工具变量法（IV）等稳健性测试后，主要结论保持一致。

第三，签字会计师繁忙度与审计收费的关系。以 Simunic（1980）的审计收费决定模型为基础，研究签字会计师繁忙度与审计收费的关系。结果显示：

（1）在其他条件相同的情形下，签字会计师繁忙度与审计收费呈显著正相关关系，表明签字会计师繁忙度导致的"声誉溢价"效应大于"繁忙减量"效应，从而导致审计收费上升。结合本书第三章和第四章的研究结论，可以看出签字会计师的繁忙度越高，其面临的时间预算压力越大，此时签字会计师更可能减少对每个客户审计投入，较早结束审计项目并提前签字，从而导致审计质量下降。但是，作为审计的需求方，上市公司往往很难准确识别签字会计师提供的审计服务质量高低，其只能通过观察签字会计师外在特征如声誉和社会地位来间接判断，且上市公司并没有充分识别签字会计师过度繁忙对审计质量的消极影响，因此上市公司更可能向繁忙的签字会计师支付溢价审计费用。

（2）由于"四大"和非"四大"定价机制存在差异且"四大"的质量控制机制好于非"四大"，致使签字会计师个人特征对审计收费的影响程度下降。因此本书将全样本区分为"四大"和非"四大"后，分别研究签字会计师繁忙度与审计收费的关系，发现在非"四大"中，签字会计师繁忙度与审计收费的关系呈现显著正相关关系，而在"四大"中，二者之间的关系不显著。基于稳健性的考虑，将全样本区分为"十大"和非"十大"，考察签字会计师繁忙度与审计收费的关系，也得到了类似的结论。

（3）根据签字会计师角色差异区分了复核签字会计师和项目签字会计师，将复核签字会计师繁忙度和项目签字会计师繁忙度变量放入模型重新进行回归，发现复核签字会计师繁忙度与审计收费显著正相关，而项目签字会计师繁忙度与审计收费的关系不显著，主要原因是审计项目的谈判以及审计收费的磋商主要由合伙人负责，而项目签字会计师主要负责外勤审计工作，因而复核签字会计师的个人特征更可能影响审计收费。在进行替换变量、公司层面聚类处理、公司和年度层面双维聚类处理、剔除会计师事务所轮换的样本以及工具变量法（IV）等稳健性测试后，本书的主要结论保持一致。

二、展望

本书结合中国特有的制度环境和审计市场结构，立足签字会计师个体层面，研究签字会计师繁忙度对审计结果的影响，以期能够丰富相关领域的文献，并为实务界提供一些有意义的借鉴和参考。但囿于篇幅、数据资源以及个人研究能力，本书仍然存在一些不足之处，且存在一些有意义的话题未在本书中涉及，这些有待未来进一步研究。

首先，本书实证研究签字会计师繁忙度与审计质量之间的关系，并考察了签字会计师执业特征如签字会计师任期、签字会计师轮换、签字会计师工作经验以及客户规模对签字会计师繁忙度与审计质量之间关系的调节作用。事实上，签字会计师的团队合作关系也可能起到一定的调节作用，如签字会计师的"男女搭配"是否能够缓解工作压力，提高工作效率，进而缓解签字会计师繁忙度对审计质量的消极作用？复核签字会计师和项目签字会计师的"合作经历"是否有助于促进团队成员之间的协作和交流，进而提高工作效率，缓解签字会计师繁忙度对审计质量的消极作用？复核签字会计师和项目签字会计师的"校友关系"是否能够增加双方之间认同感，促进双方之间更好的交流与合作，从而提高审计效率，缓解签字会计师繁忙度对审计质量的消极作用？同理，复核签字会计师和项目签字会计师的"老乡关系"是否也存在类似的调节效应呢？抑或"合作经历""校友关系"以及"老乡关系"在增加签字会计师双方认同感的同时，导致复核签字会计师降低风险意识和职业谨慎性，降低对审计证据的职业怀疑，从而对审计质量造成更消极的作用？由于篇幅所限，本书并未对签字会计师团队合作关系的调节效应展开研究，但近年来最新的研究开始考察两名签字会计师之间的协作和互动关系对签字会计师行为及审计结果的影响。这些重要的问题有待未来进一步研究，这不仅能够丰富签字会计师、签字会计师团队层面的审计问题研究，还能够为加强我国注册会计师行业监管，促进我国注册会计师行业持续健康发展提供有益的参考和借鉴。除此以外，刘成立（2010）通过实验研究发现，注册会计师面临的责任是时间压力与审计质量之间关系的调节变量，而本书限于篇幅未研究责任对于签字会计师繁忙度与审计质量之间关系的调节效应。本书认为，可利用市场化进程指数或者事务所转制来检验法律责任对签字会计师繁忙度与审计质量之间的调节效应。

中国还存在一些独特的现象值得进一步的研究。根据财政部的规定，审计报告应当由两名注册会计师签名并盖章。但极为特殊的是，我国部分上市公司的审计报告却包含了三名签字会计师，且这种情况大多发生在规模较小的会计师事务所中。审计报告由三名签字会计师签字并盖章可能意味着三名签字会计师都参与了上市公司的财务报表审计业务，那么三名签字会计师参与审计是否能够有效分担审计工作负担和压力，进而缓解签字会计师繁忙度对审计质量的消极影响呢？抑或仅仅是因为该审计项目风险过大，增加一名签字会计师签字只是为了分散风险和分担责任，该名签字会计师并未实际参与审计项目。此外，为了与国际审计准则接轨，[①] 2016 年 12 月 23 日财政部印发了新的审计报告准则，[②] 新的审计报告准则规范了注册会计师应该如何确定关键审计事项以及如何在审计报告中沟通关键审计事项。[③] 显然，审计报告改革会增加签字会计师及其团队的工作量，为了适应审计报告改革，签字会计师必须深入学习相关规定，并在实际审计过程中付出实践。那么，审计报告改革这个事件冲击是否会加重签字会计师繁忙度对审计质量的不利影响？[④] 除了签字会计师繁忙度与审计质量的关系可拓展研究外，签字会计师繁忙度与审计延迟、审计收费的关系以及签字会计师繁忙的影响因素等领域也存在一些有趣的话题值得进一步探索。总而言之，这里所提出的若干问题仅仅是抛砖引玉，希望引起读者的兴趣，以期进一步开展相关领域的研究。

其次，本书在第四章中设计中介效应模型验证签字会计师繁忙度通过影响审计投入进而影响审计质量时，借鉴大部分前人文献采用审计延迟作为签字会计师付出努力程度的替代变量，这可能存在一定的噪声。最近有文献从中注协获取特有数据——会计师事务所审计具体每个客户的审计时间，该数据能够更为直接、

---

① 现行审计报告具有格式统一、要素一致、内容简洁、意见明确等优点，但也存在着信息含量和决策相关性不高的缺陷，与财务报表使用者的期望存在一定差距。2008 年全球金融危机发生后，国际上对提高审计质量、提升审计报告信息含量的呼声日趋强烈。2015 年，国际审计与鉴证准则理事会（IAASB）修订发布了新的国际审计报告准则，在改进审计报告模式、增加审计报告要素、丰富审计报告内容等方面做出了重大改进。

②《中国注册会计师审计准则第 1504 号——在审计报告中沟通关键审计事项》是审计报告改革的重点。

③ 为确保新审计报告准则能够平稳顺利实施，采取分批、分步骤实施的方案，即自 2017 年 1 月 1 日起，首先在 A+H 股公司以及纯 H 股公司按照中国注册会计师审计准则执行的审计业务中实施；自 2018 年 1 月 1 日起扩大到所有被审计单位，其中，主板、中小板、创业板上市公司、IPO 公司，新三板公司中的创新层挂牌公司，以及面向公众投资者公开发行债券的公司执行新审计报告准则的所有规定，对其他企业的审计暂不执行仅对上市实体审计业务的规定。同时，允许和鼓励提前执行新审计报告准则。

④ Goodwin 和 Wu（2016）以澳大利亚的上市公司为样本，研究发现签字会计师繁忙度与审计质量的关系不显著，支持了"均衡假说"。但是，21 世纪初由于不断发生的公司财务丑闻，澳大利亚审计职业界的监管环境发生了前所未有的变化，如强制的签字会计师轮换制度、采用 IFRS、要求签字会计师帮助被审计单位建设有效的内部控制制度。在这个事件冲击下，签字会计师繁忙度与审计质量的关系变成负相关，支持了"非均衡假说"。

准确地度量签字会计师实际付出的努力程度，以此研究得出的结论将更有说服力和可信度，从而更好地揭示签字会计师繁忙度对签字会计师行为的影响。但事与愿违，由于该数据没有公开披露，目前笔者无法获得该独有数据，后续学者若能获取会计师事务所审计具体每个客户的时间并开展进一步研究将大有裨益。

最后，本书在实证研究签字会计师繁忙度与审计质量、审计延迟以及审计收费之间关系的章节中，借鉴前人文献的处理方法，根据签字会计师角色差异区分了复核签字会计师和项目签字会计师。具体地，本书将审计报告中名字位于上方的签字会计师认定为复核签字会计师，而把名字位于下方的签字会计师认定为项目签字会计师，分别考察复核签字会计师繁忙度和项目签字会计师繁忙度对审计结果的影响。然而事实上，这种认定签字会计师角色的处理方法并非十分准确。根据财政部的规定，我国的审计报告执行"双签制度"，即审计报告必须由两名注册会计师签字并盖章。但是，在实务中，会计师事务所并未就审计报告中两名签字会计师的签字顺序做出明确规定，笔者并不能排除复核签字会计师处于审计报告中下方的情况。部分现有文献指出，通过对一些会计师事务所进行调研访谈知悉名字位于上方的签字会计师通常是复核签字会计师，而名字位于下方的签字会计师通常是项目签字会计师。也有文献认为，复核签字会计师通常工作经验更丰富、资历更老，因此他们将年龄更大或者工作经验更丰富的签字会计师认定为复核签字会计师。这些简化的处理方法有一定的理论和事实根据。但不可否认，这些简化的处理方式还不够精确，以此得出的结论说服力和可信度尚存不足，后续学者们可辅以互联网、问卷调查、访谈等方式获得更准确的资料，进而开展进一步研究。

第二节　政策建议

一直以来，注册会计师被誉为资本市场的"经济警察"，注册会计师通过对财务报表进行审计来提高财务报表的真实性和可信度，降低资本市场参与者面临的信息不对称，更好地保护投资者的合法权益，从而提高资本市场运行的效率。审计质量是审计服务的核心问题，而审计质量与审计服务的直接参与者——签字会计师的个人特征息息相关，这些个人特征不仅有签字会计师的人口特征（性别、年龄、学历、职位等），还包括签字会计师的执业特征（审计任期、审计工作经验、行业专长等）。本书立足签字会计师层面，研究签字会计师繁忙度对签字会计师行为和审计结果的影响，进一步支持了签字会计师个人特征会影响审计结果的结论。鉴于此，本书结合我国的制度背景和注册会计师行业发展特点，提出几点不成熟的政策建议，以期能够为中国注册会计师行业以及行业监管者提供一些有益的借鉴和参考。

一、降低签字会计师的繁忙程度和工作压力

众所周知，注册会计师审计服务是典型的高压力工作。一是，注册会计师工作量大，在正常的白天工作时间内往往无法按时完成全部工作，这要求注册会计师能够适合频繁的加班和熬夜工作。熬夜加班会对身体机能造成一定的消极影响，而长时间的熬夜对身体的免疫力会造成很大的伤害，免疫力下降让人很难逃过伤病的魔抓。最近几年爆发出的注册会计师健康问题时刻刻提醒着社会各界关注注册会计师职业的过劳问题。二是，伴随着经济的快速发展，上市公司的规模不断扩大、业务类型趋于复杂化，上市公司通常在全国乃至国外都有大量的子公司和分公司，这要求注册会计师在开展外勤审计工作时需要频繁出差，这种舟车劳顿的疲惫感是其他职业所不能及的。此外，由于工作繁忙和工作压力导致的职业倦怠也是注册会计师职业不可忽视的问题，职业倦怠易引发人的身体和心理疾病，如出现个人情感衰竭、人格解体以及个人成就感低下等症状。本书的研究结果表明，签字会计师繁忙度越高，其面临的时间预算压力越大，而签字会计师个人的时间和精力是有限的，这迫使他们不得不减少对每个客户的审计时间预算，从而对审计质量产生负面影响。不仅如此，满负荷工作易导致签字会计师身体和心理上出现疾病，从而影响其工作效率和效果，也会对审计质量产生不利。因此，本书认为有必要从两个方面着手，降低签字会计师的繁忙程度和工作压力。

（1）会计师事务所应该意识到签字会计师过度繁忙会对签字会计师身心健康以及审计质量造成不利影响，并完善相应的质量控制机制来限制签字会计师年度审计的客户数量，降低签字会计师的繁忙度，保证签字会计师有足够的时间和精力投入到审计工作中，切实保障审计质量。此外，会计师事务所在安排审计团队时应适当增加团队成员的数量以及纳入更多经验丰富的审计人员，这有助于缓解项目团队成员的工作压力，确保注册会计师按时并且高质量完成审计工作。当然，目前我国审计市场存在的低价收费问题可能限制审计团队的扩大。现行制度下，我国的中央企业和部分旗下国有企业选聘审计师主要通过招标，"低价者得"导致审计收费过低已成为阻碍审计质量提高的重要问题。本书建议取消事务所选聘的招标制度，这有助于遏制"低价竞争"，促进会计师事务所合理安排审计项目团队人员，保障审计质量。

（2）现阶段，注册会计师的薪酬激励主要采取客户导向，即年度审计的客户越多，签字的审计报告数量越多，签字会计师获得的绩效奖金越多，这在一定程度上刺激了签字会计师去主动承揽和审计更多客户。但值得注意的是，在会计师事务所改制为特殊普通合伙制后，由于个人有意过失导致的审计失败将由自己承担无限连带责任。显而易见，在事务所转制后，签字会计师面临的法律责任显著提高。对签字会计师而言，增强风险意识、提高审计质量显得格外重要。本书提醒繁忙的签字会计师应该加强个人法律责任意识，主动减少年度审计客户的数量，确保对承揽的客户投入足够的审计时间，保障审计质量，防范审计风险。

二、提升签字会计师个人执业能力

工作强度大是注册会计师职业的重要特点之一，本书研究发现，签字会计师的审计经验能够有效缓解签字会计师繁忙度过高对审计质量的不利影响。因此，提高签字会计师个人审计经验具有重要的现实意义。

（1）应该加强注册会计师的职业培训，通过职业培训能够在较短时间内提升签字会计师的个人能力。会计师事务所总所（分所）内部可以定期开展审计经验培训课，聘请经验丰富的签字会计师就不同客户的业务特征、内部控制流程特征以及重大风险点进行经验分享和交流，分类整理后形成可供后续人员学习的纸制材料。从注册会计师行业的角度看，应该沿着"全国会计领军（后备）人才培养工程"的思路继续开展高端注册会计师人才培训工程。不仅如此，各省市的地方注册会计师协会和相关部门可以借鉴"全国会计领军（后备）人才培养工程"的经验，根据当地的实际情况，开展地方注册会计师人才选拔和培养方案，从而在全国形成不同层次的注册会计师人才培养机制。另外，会计师事务所总所（分所）也可以聘请外部行业专家或者审计专家对有特殊需求的签字会计师进行专门辅导。

（2）本书研究发现，签字会计师对客户的审计任期越长，越能缓解签字会计师繁忙度对审计质量的不利影响。这是因为签字会计师任期越长，签字会计师对被审计单位的经营环境、业务特征、内部控制流程更加了解，对重大错报风险点的把控更加准确、到位，在实施对应审计程序时更有针对性，因此审计效率更高。同时，签字会计师任期越长，签字会计师与被审计单位管理层越熟悉，使得双方就一些重大事项的沟通交流越顺畅，效率越高。这种情况下，签字会计师在付出较短审计时间和精力的情况下，依然可以保证较高的审计质量。反之，当发生两名签字会计师轮换时，签字会计师繁忙度对审计质量的负面效果更为明显，这是签字会计师客户层面审计专长丢失的结果。因此，本书认为，会计师事务所应该尽量避免同时轮换两名签字会计师，可以考虑只轮换一名签字会计师，保留一位具有客户层面审计专长的签字会计师。当然，发生会计师事务所轮换的情况除外。若是发生了两名签字会计师同时轮换的情形，前任签字会计师有必要对后任签字会计师分享具体客户的审计经验，并提供及时沟通问题的渠道。

三、加强签字会计师个人执业行为的监管

加入 WTO 的十几年是我国经济发展的黄金时期，在遭遇全球性金融危机的不利局面下，我国的国内生产总值（GDP）依然保持了中高速稳定增长，并一跃成为世界第二大经济体。经济越发展，充当资本市场"经济警察"的注册会计师越重要，社会各界对注册会计师的期望和要求也越来越高。在政府主导、会计师事务所实施的一系列战略举措中，我国注册会计师事业取得了很大进步，如"事务所做大做强""会计师事务所转为特殊普通合伙制"等。"事务所做大做强"战略使得我国的审计市场结构不断优化，审计市场集中度不断提升，这不仅有助于

建立我国会计师事务所的品牌和声誉，帮助我国的会计师事务所走出国门，还有效地缓解了市场恶性竞争导致的"低价揽客"现象。"会计师事务所转为特殊普通合伙制"则强化了签字会计师的法律责任，促使签字会计师提高独立性以及改善审计质量。

　　然而，不可否认的是，监管部门对注册会计师行业的监管力度与发达国家还有差距。本书研究发现，在其他条件相同的情形下，签字会计师繁忙度越高，签字会计师越可能降低对每个客户的审计时间预算，加速审计报告的发布，并威胁到审计质量。本书的结论提醒监管部门关注签字会计师繁忙现象，加大对繁忙签字会计师的关注度，并对他们的审计工作底稿进行重点检查。另外，众所周知，2001 年我国证监会发布的《关于在上市公司独立董事制度的指导意见》中规定，独立董事原则上最多只能在 5 家上市公司兼任独立董事，从而确保独立董事有足够的时间和精力去履行独立董事的职责。注册会计师行业监管部门可以借鉴我国独立董事制度，针对我国签字会计师过度繁忙现象出台一些专门的法律和规章制度，如设置签字会计师每年审计客户数量的上限，至于应该将上限设为多少，需要汲取社会各界的意见反馈。进一步地说，由于复核签字会计师和项目签字会计师的工作角色存在差异，复核签字会计师负责审计工作底稿的复核，而项目签字会计师负责外勤审计工作，二者的工作性质、工作强度存在一定的区别，因而可以考虑为复核签字会计师和项目签字会计师确定不同的客户数量上限，确保签字会计师有足够的时间和精力去开展审计工作，保障审计质量。

　　最后，我国监管部门对会计师事务所和签字会计师的违法违规行为的处罚力度过于轻微也是亟待改善的问题。近年来，注册会计师由于未能勤勉尽责而导致的审计失败案件依然屡见不鲜，有关部门对会计师事务所和签字会计师的处罚力度不够是其中的一个重要原因。笔者对证监会网站披露的审计失败案例进行手工整理，[①] 发现证监会对签字会计师的违法违规行为往往采取警告和罚款的惩罚形式，但罚款金额非常低，通常罚款金额都在 5 万元左右，很少有超过 10 万元的

---

　　① 具体地，笔者手工整理了截至 2017 年 3 月来自证监会网站（http：//www.csrc.gov.cn/pub/zjhpublic/）公开披露的签字会计师处罚案件（包含 IPO 财务造假），共有 132 个财务报表造假案件，涉及 100 多位签字会计师。

罚款。而较为严厉的惩罚措施如暂停执业、吊销注册会计师执业执照却基本没有。不仅如此，目前对会计师事务所和签字会计师的处罚以行政处罚为主，民事赔偿还难以落到实处。事实上，一旦上市公司的财务造假行为被揭露，上市公司的股价将一落千丈，依靠财务报表进行投资和决策的资本市场参与者将面临巨大的投资损失，而会计师事务所和签字会计师往往无法给予投资者应有的补偿。[①]本书认为，监管部门应尽快制定证券民事诉讼法律法规，并加大对会计师事务所和签字会计师违规行为的处罚力度，这有助于提高签字会计师的独立性，进而提高审计质量，切实保障资本市场中投资者的合法权益。

四、提醒投资者关注签字会计师繁忙现象

与美、英等发达国家资本市场的股权分散不同，我国资本市场呈现出高度集中的股权结构。在股权高度集中下，大股东可以对企业实施有效控制，并且很大程度影响公司的经营决策。因此，这些企业存在的代理问题主要并非经理人与股东之间的利益冲突（第一类代理问题），而是大股东与小股东之间的利益冲突（第二类代理问题）。由于我国的法律制度不完善以及监管力度较为薄弱，上市公司的内部人常常利用内部消息、关联方交易以及资产侵占的方式侵害中小股东的合法权益。对于中小投资者而言，他们往往只能通过公开披露的信息进行投资决策，上市公司信息披露质量高低与投资者的切身利益息息相关。本书研究发现，繁忙的签字会计师由于精力受限，可能导致审计投入不足，进而损害审计质量。也就是说，繁忙的签字会计师审计的财务报表的可靠性和真实性可能存在疑问。在中国，投资者因上市公司财务造假导致的投资损失往往很难得到相应赔偿，因此，投资者更应该格外关注上市公司披露的会计信息质量以及注册会计师提供的审计服务质量。本书提醒资本市场的投资者关注签字会计师繁忙现象，并考察签字会计师轮换、任期和签字会计师个人审计经验等情况，对繁忙签字会计师所审计的财务报表保持一定的谨慎性。

---

① 在当前中国的法律制度环境下，投资者还不能够进行集体诉讼，而且目前的司法体制限制私人证券诉讼的发起。

参考文献

［1］陈小林，张雪华，闫焕民. 事务所转制、审计师个人特征与会计稳健性［J］. 会计研究，2016（6）：77-85.

［2］陈旭霞，吴溪，杨育龙. 审计师成为客户高管前对未来雇主的审计更宽松吗？［J］. 审计研究，2015（1）：84-90.

［3］丁利，李明辉，吕伟. 签字注册会计师个人特征与审计质量——基于2010年上市公司数据的经验研究［J］. 山西财经大学学报，2012（8）：108-116.

［4］郭春林. 基于签字注册会计师特征与独立审计质量的实证研究［J］. 经济问题，2014（1）：102-109.

［5］韩维芳. 审计师个人经验、行业专长与审计收费［J］. 会计与经济研究，2016，30（6）：91-108.

［6］韩维芳. 审计风险、审计师个人的经验与审计质量［J］. 审计与经济研究，2017，32（3）：35-45.

［7］江伟，李斌. 审计任期与审计质量——基于签字注册会计师任期的经验研究［J］. 当代财经，2008（1）：122-127.

［8］江伟，李斌. 审计任期与盈余价值相关性——基于签字注册会计师任期的经验研究［J］. 审计与经济研究，2007（5）：51-56.

［9］蒋心怡，陶存杰. 强制轮换后重修旧好：签字注册会计师重新上任的效果研究［J］. 审计研究，2016（3）：105-112.

［10］李瑛玫，楚有为，杨忠海. 内部控制、中期审计与年报审计延迟［J］. 审计与经济研究，2016，31（2）：52-60.

［11］李明辉，刘笑霞. 会计师事务所合并能提高审计效率吗？——基于审计

延迟视角的经验证据 [J]. 经济管理，2012 (5)：131-140.

[12] 李爽，吴溪. 签字注册会计师的自然轮换状态与强制轮换政策的初步影响 [J]. 会计研究，2006 (1)：36-43.

[13] 李婉丽，仪明金. 时间压力、知识异质性与审计团队判断绩效 [J]. 审计与经济研究，2012 (1)：24-29.

[14] 刘成立. 时间压力下的注册会计师行为——来自一个全国性事务所的调查证据 [J]. 审计研究，2008 (2)：79-85.

[15] 刘成立. 执业环境与审计判断绩效——基于时间压力和责任的视角 [M]. 北京：经济科学出版社，2010.

[16] 刘继红，章丽珠. 高管的审计师工作背景、关联关系与应计、真实盈余管理 [J]. 审计研究，2014 (4)：104-112.

[17] 刘启亮，郭俊秀，汤雨颜. 会计事务所组织形式、法律责任与审计质量——基于签字审计师个体层面的研究 [J]. 会计研究，2015 (4)：86-94.

[18] 刘启亮，唐建新. 学习效应、私人关系、审计任期与审计质量 [J]. 审计研究，2009 (4)：52-64.

[19] 刘启亮，余宇莹，陈汉文. 签字会计师任期与审计质量：来自中国大陆证券市场的经验证据 [J]. 中国会计与财务研究，2008，10 (2)：1-32.

[20] 刘笑霞，李明辉. 会计师事务所人力资本特征与审计质量——来自中国资本市场的经验证据 [J]. 审计研究，2012 (2)：82-89.

[21] 马如静，蒙小兰，唐雪松. 独立董事兼职席位的信号功能——来自 IPO 市场的证据 [J]. 南开管理评论，2015，18 (4)：82-95.

[22] 聂曼曼. 论审计质量概念的重新界定——关于过程质量与结果质量的思考 [J]. 中南财经政法大学学报，2009 (6)：55-59.

[23] 全怡，陈冬华. 多席位独立董事的精力分配与治理效应——基于声誉与距离的角度 [J]. 会计研究，2016 (12)：29-36.

[24] 冉明东，王艳艳，杨海霞. 受罚审计师的传染效应研究 [J]. 会计研究，2016 (12)：85-91.

[25] 沈玉清，戚务君，曾勇. 审计师任期、事务所任期与审计独立性 [J].

管理评论，2010（9）：93-99.

[26] 施丹，程坚.审计师性别组成对审计质量、审计费用的影响——来自中国的经验证据［J］.审计与经济研究，2011（5）：38-46.

[27] 王建琼，陆贤伟.董事声誉、繁忙董事会与信息披露质量［J］.审计与经济研究，2013（4）：67-74.

[28] 王晓珂，王艳艳，于李胜，赵玉萍，张震宇.审计师个人经验与审计质量［J］.会计研究，2016（9）：75-81.

[29] 温忠麟，张雷，侯杰泰，刘红云.中介效应检验程序及其应用［J］.心理学报，2004（5）：614-620.

[30] 吴溪，王春飞，陆正飞.独立董事与审计师出自同门是"祸"还是"福"？——独立性与竞争—合作关系之公司治理效应研究［J］.管理世界，2015（9）：137-146.

[31] 吴溪，王晓，姚远.从审计师成为客户高管：对旋转门现象的一项案例研究［J］.会计研究，2010（11）：72-80.

[32] 吴溪.会计师事务所为新承接的审计客户配置了更有经验的项目负责人吗？［J］.中国会计与财务研究，2009，11（3）：1-28.

[33] 谢盛纹，李远艳.公司高管与签字注册会计师的校友关系对审计意见的影响——来自中国证券市场的经验证据［J］.当代财经，2017（6）：109-119.

[34] 谢盛纹，刘杨晖.换"所"不换"师"式变更的动因及经济后果［J］.当代财经，2014（5）：111-118.

[35] 谢盛纹，闫焕民.换"所"不换"师"式变更、超工具性关系与审计质量［J］.会计研究，2013（12）：86-91.

[36] 谢盛纹，闫焕民.换"所"不换"师"式变更改善了审计意见吗［J］.财经论丛，2014（1）：64-71.

[37] 谢盛纹，闫焕民.事务所轮换与签字注册会计师轮换的成效对比研究［J］.审计研究，2014（4）：81-88.

[38] 谢盛纹，闫焕民.随签字注册会计师流动而发生的会计师事务所变更问题研究［J］.会计研究，2012（4）：87-93.

[39] 谢盛纹，叶王春子. 换"所"不换"师"式变更与审计费用 [J]. 北京工商大学学报（社会科学版），2014（4）：57–64.

[40] 谢诗蕾，许永斌，胡舟丽. 繁忙董事、声誉激励与独立董事监督行为 [J]. 厦门大学学报（哲学社会科学版），2016（5）：147–156.

[41] 谢雅璐. 兼职独立董事对上市公司一视同仁吗？[J]. 现代财经（天津财经大学学报），2016（6）：30–47.

[42] 徐艳萍，王琨. 审计师联结与财务报表重述的传染效应研究 [J]. 审计研究，2015（4）：97–104.

[43] 薛爽，叶飞腾，付迟. 行业专长、审计任期和审计质量——基于签字会计师水平的分析 [J]. 中国会计与财务研究，2012，14（3）：109–133.

[44] 闫焕民. 签字注册会计师个体特征与审计质量研究 [D]. 江西财经大学博士学位论文，2015.

[45] 闫焕民，蒋煦涵，何恩良. 审计师工作压力传导与审计质量——基于 JD-CS 模型的理论分析框架 [J]. 当代财经，2016（12）：119–127.

[46] 闫焕民，谢盛纹. 审计师轮换违规行为会导致审计报告激进吗？——基于我国法律约束环境的实证研究 [J]. 财经论丛，2016（11）：66–74.

[47] 闫焕民. 签字会计师个人执业经验如何影响审计质量？——来自中国证券市场的经验证据 [J]. 审计与经济研究，2016（3）：41–52.

[48] 杨清香，姚静怡，张晋. 与客户共享审计师能降低公司的财务重述吗？——来自中国上市公司的经验证据 [J]. 会计研究，2015（6）：72–79.

[49] 叶飞腾，薛爽，陈超. 基于质量控制和客户关系双重视角的审计项目负责人更换分析 [J]. 财经研究，2014（3）：114–123.

[50] 叶琼燕，于忠泊. 审计师个人特征与审计质量 [J]. 山西财经大学学报，2011（2）：117–124.

[51] 余玉苗，高燕燕. 低质量审计是审计师个人特质导致的特例吗？——基于"污点"签字注册会计师的研究 [J]. 审计与经济研究，2016（4）：30–39.

[52] 袁蓉丽，张馨艺. 签字注册会计师任期、行业专长与审计质量 [J]. 会计与经济研究，2014（2）：3–15.

[53] 原红旗，韩维芳. 签字会计师的执业特征与审计质量 [J]. 中国会计评论，2012，10（3）：275-302.

[54] 曾姝，李青原. 税收激进行为的外溢效应——来自共同审计师的证据 [J]. 会计研究，2016（6）：70-76.

[55] 张健，魏春燕. 法律风险、执业经验与审计质量 [J]. 审计研究，2016（1）：85-93.

[56] 张龙平. 试论我国社会审计质量控制标准的建设 [J]. 审计研究，1995（4）：29-34.

[57] 张龙平，潘临，欧阳才越，熊家财. 控股股东股权质押是否影响审计师定价策略？——来自中国上市公司的经验证据 [J]. 审计与经济研究，2016，31（6）：35-45.

[58] 张娟，黄志忠，李明辉. 签字注册会计师强制轮换制度提高了审计质量吗？——基于中国上市公司的实证研究 [J]. 审计研究，2011（5）：82-89.

[59] 张兆国，吴伟荣，陈雪芩. 签字注册会计师背景特征影响审计质量研究——来自中国上市公司经验证据 [J]. 中国软科学，2014（11）：95-104.

[60] 周玮，王宁. 强制轮换规定提高了上市公司审计质量？——基于注册会计师任期与事务所经济依存度的经验研究 [J]. 中国会计评论，2012，10（1）：73-94.

[61] Abarbanell J, Lehavy R. Biased Forecasts or Biased Earnings? The Role of Reported Earnings in Explaining Apparent Bias and Over/Underreaction in Analysts' Earnings Forecasts [J]. Journal of Accounting and Economics, 2003, 36 (1-3): 105-146.

[62] Abbott L J, Parker S, Peters G F. Internal Audit Assistance and External Audit Timeliness [J]. Auditing: A Journal of Practice & Theory, 2012, 31 (4): 3-20.

[63] Agoglia C P, Brazel J F, Hatfield R C, et al. How do Audit Workpaper Reviewers Cope with the Conflicting Pressures of Detecting Misstatements and Balancing Client Workloads? [J]. Auditing: A Journal of Practice & Theory, 2010, 29

（2）：27–43.

[64] Ahmed K. The Timeliness of Corporate Reporting: A Comparative Study of South Asia [J]. Advances in International Accounting, 2003 (16): 17–43.

[65] Alderman C W, Deitrick J W. Auditors' Perceptions of Time Budget Pres sures and Premature Sign-offs: A Replication and Extension [J]. Auditing: A Journal of Practice & Theory, 1982, 1 (2): 54–68.

[66] Altman E I. Financial Ratios, Discriminant Analysis and the Prediction of Corporate Bankruptcy [J]. The Journal of Finance, 1968, 23 (4): 589–609.

[67] Amir E, Kallunki J P, Nilsson H. The Association between Individual Audit Partners' Risk Preferences and the Composition of Their Client Portfolios [J]. Review of Accounting Studies, 2014, 19 (1): 103–133.

[68] Anzai Y, Simon H A. The Theory of Learning by Doing [J]. Psychological Review, 1979, 86 (2): 124.

[69] Aobdia D, Lin C J, Petacchi R. Capital Market Consequences of Audit Partner Quality [J]. The Accounting Review, 2015, 90 (6): 7–14.

[70] Aobdia D, Siddiqui S, Vinelli A G. Does Engagement Partner Perceived Expertise Matter? Evidence from the US Operations of the Big 4 Audit Firms [R]. SSRN, Working Paper, 2016.

[71] Arrow K J. The Economic Implications of Learning by Doing [J]. The Review of Economic Studies, 1971, 29 (3): 155–173.

[72] Ashton R H, Willingham J J, Elliott R K. An Empirical Analysis of Audit Delay [J]. Journal of Accounting Research, 1987 (1): 275–292.

[73] Ball R. Market and Political/Regulatory Perspectives on the Recent Accounting Scandals [J]. Journal of Accounting Research, 2009, 47 (2): 277–323.

[74] Barua A, Legoria J, Moffitt J S. Accruals Management to Achieve Earnings Benchmarks: A Comparison of Pre-managed Profit and Loss Firms [J]. Journal of Business Finance & Accounting, 2006, 33 (5–6): 653–670.

[75] Bedard J C, Biggs S F. The Effect of Domain-specific Experience on

Evaluation of Management Representations in Analytical Procedures [J]. Auditing: A Journal of Practice & Theory, 1991 (10): 77-90.

[76] Bedard J C, Johnstone K M. Audit Partner Tenure and Audit Planning and Pricing [J]. Auditing: A Journal of Practice & Theory, 2010, 29 (2): 45-70.

[77] Bell T B, Causholli M, Knechel W R. Audit Firm Tenure, Non-audit Services, and Internal Assessments of Audit Quality [J]. Journal of Accounting Research, 2015, 53 (3): 461-509.

[78] Bills K L, Swanquist Q T, Whited R L. Growing Pains: Audit Quality and Office Growth [J]. Contemporary Accounting Research, 2016, 33 (1): 288-313.

[79] Blouin J, Grein B M, Rountree B R. An Analysis of Forced Auditor Change: The Case of Former Arthur Andersen Clients [J]. The Accounting Review, 2007, 82 (3): 621-650.

[80] Bonner S E, Lewis B L. Determinants of Auditor Expertise [J]. Journal of Accounting Research, 1990 (1): 1-20.

[81] Bonner S E, Walker P L. The Effects of Instruction and Experience on the Acquisition of Auditing Knowledge [J]. The Accounting Review, 1994 (1): 157-178.

[82] Bowles H R, Babcock L, McGinn K L. Constraints and Triggers: Situational Mechanics of Gender in Negotiation [J]. Journal of Personality and Social Psychology, 2005, 89 (6): 951.

[83] Brucks M. The Effects of Product Class Knowledge on Information Search Behavior [J]. Journal of Consumer Research, 1985 (1): 1-16.

[84] Cahan S F, Sun J. The Effect of Audit Experience on Audit Fees and Audit Quality [J]. Journal of Accounting, Auditing & Finance, 2015, 30 (1): 78-100.

[85] Caramanis C, Lennox C. Audit Effort and Earnings Management [J]. Journal of Accounting and Economics, 2008, 45 (1): 116-138.

[86] Carcello J V, Hermanson D R, Huss H F. Temporal Changes in Bankruptcy-related Reporting [J]. Auditing, 1995, 14 (2): 133.

[87] Carcello J V, Li C. Costs and Benefits of Requiring An Engagement Partner Signature: Recent Experience in the United Kingdom [J]. The Accounting Review, 1995, 14 (2): 133.

[88] Carey P, Simnett R. Audit Partner Tenure and Audit Quality [J]. The Accounting Review, 1995, 14 (2): 133.

[89] Carpenter B W, Dirsmith M W, Gupta P P. Materiality Judgments and Audit Firm Culture: Social–behavioral and Political Perspectives [J]. Accounting, Organizations and Society, 1994, 19 (4–5): 355–380.

[90] Chan L H, Chen K C W, Chen T Y, et al. The Effects of Firm–initiated Clawback Provisions on Earnings Quality and Auditor Behavior [J]. Journal of Accounting and Economics, 2012, 54 (2): 180–196.

[91] Che–Ahmad A, Abidin S. Audit Delay of Listed Companies: A Case of Malaysia [J]. International Business Research, 2009, 1 (4): 32.

[92] Che L, Langli J C, Svanström T. Education, Experience, and Audit Effort [R]. SSRN, Working Paper, 2017.

[93] Chen C J P, Chen S, Su X. Profitability Regulation, Earnings Management, and Modified Audit Opinions: Evidence from China [J]. Auditing: A Journal of Practice & Theory, 2001, 20 (2): 9–30.

[94] Chen C J P, Su X, Wu X. Auditor Changes Following a Big 4 Merger with ALocal Chinese Firm: A Case Study [J]. Auditing: A Journal of Practice & Theory, 2010, 29 (1): 41–72.

[95] Chen C J P, Su X, Wu X. Forced Audit Firm Change, Continued Partner–client Relationship, and Financial Reporting Quality [J]. Auditing: A Journal of Practice & Theory, 2009, 28 (2): 227–246.

[96] Chen C Y, Lin C J, Lin Y C. Audit Partner Tenure, Audit Firm Tenure, and Discretionary Accruals: Does Long Auditor Tenure Impair Earnings Quality? [J]. Contemporary Accounting Research, 2008, 25 (2): 415–445.

[97] Chen F, Peng S, Xue S, et al. Do Audit Clients Successfully Engage in

Opinion Shopping? Partner—Level Evidence [J]. Journal of Accounting Research, 2016, 54 (1): 79-112.

[98] Chen S, Sun S Y J, Wu D. Client Importance, Institutional Improvements, and Audit Quality in China: An Office and Individual Auditor Level Analysis [J]. The Accounting Review, 2010, 85 (1): 127-158.

[99] Chi H Y, Chin C L. Firm versus Partner Measures of Auditor Industry Expertise and Effects on Auditor Quality [J]. Auditing: A Journal of Practice & Theory, 2011, 30 (2): 201-229.

[100] Chi W, Douthett E B, Lisic L L. Client Importance and Audit Partner Independence [J]. Journal of Accounting and Public Policy, 2012, 31 (3): 320-336.

[101] Chi W, Huang H, Liao Y, et al. Mandatory Audit Partner Rotation, Audit Quality, and Market Perception: Evidence from Taiwan [J]. Contemporary Accounting Research, 2009, 26 (2): 359-391.

[102] Chi W, Huang H. Discretionary Accruals, Audit—firm Tenure and Audit—Partner Tenure: Empirical Evidence from Taiwan [J]. Journal of Contemporary Accounting & Economics, 2005, 1 (1): 65-92.

[103] Chi W, Myers L A, Omer T C, et al. The Effects of Audit Partner Pre-client and Client—specific Experience on Audit Quality and on Perceptions of Audit Quality [J]. Review of Accounting Studies, 2017, 22 (1): 361-391.

[104] Chiesi H L, Spilich G J, Voss J F. Acquisition of Domain—Related Information in Relation to High and Low Domain Knowledge [J]. Journal of Verbal Learning and Verbal Behavior, 1979, 18 (3): 257-273.

[105] Chin C L, Chi H Y. Reducing Restatements with Increased Industry Expertise [J]. Contemporary Accounting Research, 2009, 26 (3): 729-765.

[106] Choi J H, Kim C, Kim J B, et al. Audit Office Size, Audit Quality, and Audit Pricing [J]. Auditing: A Journal of Practice & Theory, 2010, 29 (1): 73-97.

[107] Chow C W, Ho J L, Vera-Munoz S C. Exploring the Extent and Determinants of Knowledge Sharing in Audit Engagements [J]. Asia-Pacific Journal of Accounting & Economics, 2008, 15 (2): 141-160.

[108] Coram P, Ng J, Woodliff D R. The Effect of Risk of Misstatement on the Propensity to Commit Reduced Audit Quality Acts Under Time Budget Pressure [J]. Auditing: A Journal of Practice & Theory, 2004, 23 (2): 159-167.

[109] Coram P, Ng J, Woodliff D. A Survey of Time Budget Pressure and Reduced Audit Quality Among Australian Auditors [J]. Australian Accounting Review, 2003, 13 (29): 38-44.

[110] Cron W L, Dubinsky A J, Michaels R E. The Influence of Career Stages on Components of Salesperson Motivation [J]. The Journal of Marketing, 1988 (1): 78-92.

[111] Croson R, Gneezy U. Gender Differences in Preferences [J]. Journal of Economic Literature, 2009, 47 (2): 448-474.

[112] Daugherty B E, Dickins D, Hatfield R C, et al. An Examination of Partner Perceptions of Partner Rotation: Direct and Indirect Consequences to Audit Quality [J]. Auditing: A Journal of Practice & Theory, 2012, 31 (1): 97-114.

[113] Davis L R, Soo B S, Trompeter G M. Auditor Tenure and the Ability to Meet or Beat Earnings Forecasts [J]. Contemporary Accounting Research, 2009, 26 (2): 517-548.

[114] DeAngelo L E. Auditor Size and Audit Quality [J]. Journal of Accounting and Economics, 1981, 3 (3): 183-199.

[115] DeAngelo L E. Auditor Independence, 'Low Balling', and Disclosure Regulation [J]. Journal of Accounting and Economics, 1981, 3 (2): 113-127.

[116] Dechow P M, Dichev I D. The Quality of Accruals and Earnings: The Role of Accrual Estimation Errors [J]. The Accounting Review, 2002, 77 (s-1): 35-59.

[117] Dechow P M, Sloan R G, Sweeney A P. Detecting Earnings Management

[J]. The Accounting Review, 1995 (1): 193–225.

[118] DeFond M L, Francis J R. Audit Research After Sarbanes–Oxley [J]. Auditing: A Journal of Practice & Theory, 2005, 24 (s–1): 5–30.

[119] DeFond M, Zhang J. A Review of Archival Auditing Research [J]. Journal of Accounting and Economics, 2014, 58 (2–3): 275–326.

[120] DeZoort F T, Lord A T. A Review and Synthesis of Pressure Effects Research in Accounting [J]. Journal of Accounting Literature, 1997 (16): 28.

[121] Dye R A. Auditing Standards, Legal Liability, and Auditor Wealth [J]. Journal of Political Economy, 1993, 101 (5): 887–914.

[122] Dyer J C, McHugh A J. The Timeliness of the Australian Annual Report [J]. Journal of Accounting Research, 1975 (1): 204–219.

[123] Ettredge M L, Li C, Sun L. The Impact of SOX Section 404 Internal Control Quality Assessment on Audit Delay in the SOX Era [J]. Auditing: A Journal of Practice & Theory, 2006, 25 (2): 1–23.

[124] Fama E F, Jensen M C. Separation of Ownership and Control [J]. The Journal of Law and Economics, 1983, 26 (2): 301–325.

[125] Ferris S P, Jagannathan M, Pritchard A C. Too Busy to Mind the Business? Monitoring by Directors with Multiple Board Appointments [J]. The Journal of Finance, 2003, 58 (3): 1087–1111.

[126] Fich E M, Shivdasani A. Are Busy Boards Effective Monitors? [J]. The Journal of Finance, 2006, 61 (2): 689–724.

[127] Firth M A, Rui O M, Wu X. Rotate Back or Not after Mandatory Audit Partner Rotation? [J]. Journal of Accounting and Public Policy, 2012, 31 (4): 356–373.

[128] Firth M, Mo P L L, Wong R M K. Auditors' Organizational Form, Legal Liability, and Reporting Conservatism: Evidence from China [J]. Contemporary Accounting Research, 2012, 29 (1): 57–93.

[129] French J R P, Caplan R D. Organizational Stress and Individual Strain

[J]. The Failure of Success, 1972 (30): 66.

[130] Geiger M A, North D S, O'Connell B T. The Auditor-to-Client Revolving Door and Earnings Management [J]. Journal of Accounting, Auditing & Finance, 2005, 20 (1): 1-26.

[131] Goodwin J, Wu D. Is the Effect of Industry Expertise on Audit Pricing An Office-level or APartner-level Phenomenon? [J]. Review of Accounting Studies, 2014, 19 (4): 1532-1578.

[132] Goodwin J, Wu D. What is the Relationship between Audit Partner Busyness and Audit Quality? [J]. Contemporary Accounting Research, 2016, 33 (1): 341-377.

[133] Gaver J J, Paterson J S. The Influence of Large Clients on Office-Level Auditor Oversight: Evidence from the Property –Casualty Insurance Industry [J]. Journal of Accounting and Economics, 2007, 43 (2-3): 299-320.

[134] Guan Y, Su L N, Wu D, et al. Do School Ties between Auditors and Client Executives Influence Audit Outcomes? [J]. Journal of Accounting and Economics, 2016, 61 (2): 506-525.

[135] Gul F A, Lim C Y, Wang K, et al. The Price Contagion Effects of Financial Reporting Fraud and Reputational Losses: Evidence from the Individual Audit Partner Level [R]. SSRN, Working Paper, 2015.

[136] Gul F A, Wu D, Yang Z. Do Individual Auditors Affect Audit Quality? Evidence from Archival Data [J]. The Accounting Review, 2013, 88 (6): 1993-2023.

[137] Hambrick D C, Mason P A. Upper Echelons: The Organization as A Reflection of Its Top Managers [J]. Academy of Management Review, 1984, 9 (2): 193-206.

[138] Hamilton R E, Wright W F. Internal Control Judgments and Effects of Experience: Replications and Extensions [J]. Journal of Accounting Research, 1982 (1): 756-765.

[139] Hamilton J, Ruddock C, Stokes D, et al. Audit Partner Rotation, Earnings Quality and Earnings Conservatism [R]. SSRN, Working Paper, 2005.

[140] Hammersley J S. Pattern Identification and Industry-specialist Auditors [J]. The Accounting Review, 2006, 81 (2): 309-336.

[141] Hardies K, Breesch D, Branson J. Male and Female Auditors' Overconfidence [J]. Managerial Auditing Journal, 2011, 27 (1): 105-118.

[142] Hardies K, Breesch D, Branson J. The Female Audit Fee Premium [J]. Auditing: A Journal of Practice & Theory, 2015, 34 (4): 171-195.

[143] He X, Pittman J A, Rui O M, et al. Do Social Ties Between External Auditors and Audit Committee Members Affect Audit Quality? [J]. The Accounting Review, 2017, 92 (5): 61-87.

[144] Hillegeist S A. Financial Reporting and Auditing Under Alternative Damage Apportionment Rules [J]. The Accounting Review, 1999, 74 (3): 347-369.

[145] Houston R W, Peters M F, Pratt J H. Nonlitigation Risk and Pricing Audit Services [J]. Auditing: A Journal of Practice & Theory, 2005, 24 (1): 37-53.

[146] Houston R W, Peters M F, Pratt J H. The Audit Risk Model, Business Risk and Audit-planning Decisions [J]. The Accounting Review, 1999, 74 (3): 281-298.

[147] Hsieh Y T, Lin C J. Audit Firms' Client Acceptance Decisions: Does Partner-Level Industry Expertise Matter? [J]. Auditing: A Journal of Practice & Theory, 2015, 35 (2): 97-120.

[148] Huang H W, Raghunandan K, Huang T C, et al. Fee Discounting and Audit Quality Following Audit Firm and Audit Partner Changes: Chinese Evidence [J]. The Accounting Review, 2014, 90 (4): 1517-1546.

[149] Hunt A K, Lulseged A. Client Importance and Non-big5 Auditors' Reporting Decisions [J]. Journal of Accounting and Public Policy, 2007, 26 (2): 212-248.

[150] Ittonen K, Peni E. Auditor's Gender and Audit Fees [J]. International

Journal of Auditing, 2012 (1): 7-14.

[151] Ittonen K, Trønnes P C. Benefits and Costs of Appointing Joint Audit Engagement Partners [J]. Auditing: A Journal of Practice & Theory, 2014, 34 (3): 23-46.

[152] Ittonen K, Vähämaa E, Vähämaa S. Female Auditors and Accruals Quality [J]. Accounting Horizons, 2013, 27 (2): 205-228.

[153] Jiang W, Son M. Do Audit Fees Reflect Risk Premiums for Control Risk? [J]. Journal of Accounting, Auditing & Finance, 2015, 30 (3): 318-340.

[154] Janis I L, Mann L. Decision Making: A Psychological Analysis of Conflict, Choice, and Commitment [M]. New York, NY, US: Free Press, 1977.

[155] Johnson L E, Davies S P, Freeman R J. The Effect of Seasonal Variations in Auditor Workload on Local Government Audit Fees and Audit Delay [J]. Journal of Accounting and Public Policy, 2003, 21 (4): 395-422.

[156] Jones J J. Earnings Management During Import Relief Investigations [J]. Journal of Accounting Research, 1991 (1): 193-228.

[157] Kahneman D. Attention and Effort [M]. Englewood Cliffs, NJ: Prentice-Hall, 1973.

[158] Kaplan S E, O'Donnell E F, Arel B M. The Influence of Auditor Experience on the Persuasiveness of Information Provided by Management[J]. Auditing: A Journal of Practice & Theory, 2008, 27 (1): 67-83.

[159] Karasek Jr R A. Job Demands, Job Decision Latitude, and Mental Strain: Implications for Job Redesign [J]. Administrative Science Quarterly, 1979 (1): 285-308.

[160] Kasznik R, McNichols M F. Does Meeting Earnings Expectations Matter? Evidence from Analyst Forecast Revisions and Share Prices [J]. Journal of Accounting Research, 2002, 40 (3): 727-759.

[161] Keefe T B O, King R D, Gaver K M. Audit Fees, Industry Specialization, and Compliance with GAAS Reporting Standards [J]. Auditing, 1994, 13 (2): 41.

[162] Knechel W R, Niemi L, Zerni M. Empirical Evidence on the Implicit Determinants of Compensation in Big 4 Audit Partnerships [J]. Journal of Accounting Research, 2013, 51 (2): 349–387.

[163] Knechel W R, Payne J L. Additional Evidence on Audit Report Lag [J]. Auditing: A Journal of Practice & Theory, 2001, 20 (1): 137–146.

[164] Kothari S P, Leone A J, Wasley C E. Performance Matched Discretionary Accrual Measures [J]. Journal of Accounting and Economics, 2005, 39 (1): 163–197.

[165] Krishnan J, Schauer P C. The Differentiation of Quality Among Auditors: Evidence from the Not-for-profit Sector [J]. Auditing: A Journal of Practice & Theory, 2000, 19 (2): 9–25.

[166] Lambert T A, Jones K L, Brazel J F, et al. Audit Time Pressure and Earnings Quality: An Examination of Accelerated Filings [J]. Accounting, Organizations and Society, 2017 (58): 50–66.

[167] Lawrence J E, Glover H D. The Effect of Audit Firm Mergers on Audit Delay [J]. Journal of Managerial Issues, 1998 (1): 151–164.

[168] Lee C W J, Liu C, Wang T. The 150-hour Rule [J]. Journal of Accounting and Economics, 1999, 27 (2): 203–228.

[169] Lennox C S, Wu X, Zhang T. Does Mandatory Rotation of Audit Partners Improve Audit Quality? [J]. The Accounting Review, 2014, 89 (5): 1775–1803.

[170] Lennox C, Li B. The Consequences of Protecting Audit Partners' Personal Assets from the Threat of Liability [J]. Journal of Accounting and Economics, 2012, 54 (2): 154–173.

[171] Lennox C. Audit Quality and Executive Officers' Affiliations with CPA Firms [J]. Journal of Accounting and Economics, 2005, 39 (2): 201–231.

[172] Li L, Qi B, Tian G, et al. The Contagion Effect of Low-quality Audits at the Level of Individual Auditors [J]. The Accounting Review, 2016, 92 (1):

137–163.

[173] Litt B, Sharma D S, Simpson T, et al. Audit Partner Rotation and Financial Reporting Quality [J]. Auditing: A Journal of Practice & Theory, 2014, 33 (3): 59–86.

[174] Lobo G J, Yu H C, Chou T K. Are Audit Committee Directors' Equity Incentives Related to Audit Pricing? [R]. SSRN, Working Paper, 2015.

[175] López D M, Peters G F. Auditor Workload Compression and Busy Season Auditor Switching [J]. Accounting Horizons, 2011, 25 (2): 357–380.

[176] López D M, Peters G F. The Effect of Workload Compression on Audit Quality [J]. Auditing: A Journal of Practice & Theory, 2012, 31 (4): 139–165.

[177] Malone C F, Roberts R W. Factors Associated with the Incidence of Reduced Audit Quality Behaviors [J]. Auditing: A Journal of Practice & Theory, 1996, 15 (2): 49.

[178] Manry D L, Mock T J, Turner J L. Does Increased Audit Partner Tenure Reduce Audit Quality? [J]. Journal of Accounting, Auditing & Finance, 2008, 23 (4): 553–572.

[179] Maslach C, Jackson S E. The Measurement of Experienced Burnout [J]. Journal of Organizational Behavior, 1981, 2 (2): 99–113.

[180] Masulis R W, Mobbs S. Independent Director Incentives: Where do Talented Directors Spend Their Limited Time and Energy? [J]. Journal of Financial Economics, 2014, 111 (2): 406–429.

[181] McDaniel L S. The Effects of Time Pressure and Audit Program Structure on Audit Performance [J]. Journal of Accounting Research, 1990 (1): 267–285.

[182] McNichols M. Discussion ofthe Quality of Accruals and Earnings the Role of Accrual Estimation Error [J]. The Accounting Review, 2002 (77): 293–315.

[183] Menon K, Williams D D. Former Audit Partners and Abnormal Accruals [J]. The Accounting Review, 2004, 79 (4): 1095–1118.

[184] Ng P P H, Tai B Y K. An Empirical Examination of the Determinants of

Audit Delay in Hong Kong [J]. The British Accounting Review, 1994, 26 (1): 43-59.

[185] Owhoso V E, Messier Jr W F, Lynch Jr J G. Error Detection by Industry-specialized Teams During Sequential Audit Review[J]. Journal of Accounting Research, 2002, 40 (3): 883-900.

[186] Palmrose Z V, Richardson V J, Scholz S. Determinants of Market Reactions to Restatement Announcements [J]. Journal of Accounting and Economics, 2004, 37 (1): 59-89.

[187] Palmrose Z V. Audit Fees and Auditor Size: Further Evidence [J]. Journal of Accounting Research, 1986 (1): 97-110.

[188] Payne J W. Task Complexity and Contingent Processing in Decision Making: An Information Search and Protocol Analysis [J]. Organizational Behavior and Human Performance, 1976, 16 (2): 366-387.

[189] Payne J W, Bettman J R, Johnson E J. Adaptive Strategy Selection in Decision Making [J]. Journal of Experimental Psychology: Learning, Memory, and Cognition, 1988, 14 (3): 534.

[190] Pizzini M, Lin S, Ziegenfuss D E. The Impact of Internal Audit Function Quality and Contribution on Audit Delay [J]. Auditing: A Journal of Practice & Theory, 2014, 34 (1): 25-58.

[191] Raghunathan B. Premature Signing-off of Audit Procedures: An Analysis [J]. Accounting Horizons, 1991, 5 (2): 71.

[192] Rhode J G. The Independent Auditor's Work Environment: A Survey. Commission on Auditor's Responsibilities, Research Study No.4 [J]. Summarized in Commission on Auditors' Responsibilities (CAR): Report, Conclusions and Recommendations, American Institute of Certified Public Accountants, New York, 1978 (1): 7-14.

[193] Robert Knechel W, Vanstraelen A, Zerni M. Does the Identity of Engagement Partners Matter? An Analysis of Audit Partner Reporting Decisions [J]. Contemporary Accounting Research, 2015, 32 (4): 1443-1478.

[194] Schein E H. The Individual, the Organization, and the Career: A Conceptual Scheme [J]. The Journal of Applied Behavioral Science, 1971, 7 (4): 401–426.

[195] Sharma D S, Tanyi P, Litt B. Costs of Mandatory Periodic Audit Partner Rotation: Evidence from Audit Fees and Audit Timeliness [J]. Auditing: A Journal of Practice and Theory, 2017, 36 (1): 129–149.

[196] Shelton S W. The Effect of Experience on the Use of Irrelevant Evidence in Auditor Judgment [J]. The Accounting Review, 1999, 74 (2): 217–224.

[197] Shivdasani A, Yermack D. CEO Involvement in the Selection of New Board Members: An Empirical Analysis [J]. The Journal of Finance, 1999, 54 (5): 1829–1853.

[198] Siegrist J. Adverse Health Effects of High–effort/Low–reward Conditions [J]. Journal of Occupational Health Psychology, 1996, 1 (1): 27.

[199] Simon H A. Rationality as Process and as Product of Thought [J]. The American Economic Review, 1978, 68 (2): 1–16.

[200] Simunic D A. The Pricing of Audit Services: Theory and Evidence [J]. Journal of Accounting Research, 1980 (1): 161–190.

[201] Spilker B C. The Effects of Time Pressure and Knowledge on Key Word Selection Behavior in Tax Research [J]. Accounting Review, 1995 (1): 49–70.

[202] Stewart J, Kent P, Routledge J. The Association between Audit Partner Rotation and Audit Fees: Empirical Evidence from the Australian Market [J]. Auditing: A Journal of Practice & Theory, 2015, 35 (1): 181–197.

[203] Sundgren S, Svanström T. Auditor–in–Charge Characteristics and Going-concern Reporting[J]. Contemporary Accounting Research, 2014, 31 (2): 531–550.

[204] Svenson O, Maule A. Time Pressure and Stress in Human Judgment and Decision Making [M]. Springer Science & Business Media, 1993.

[205] Sweeney J T, Summers S L. The Effect of the Busy Season Workload on

Public Accountants' Job Burnout [J]. Behavioral Research in Accounting, 2002, 14 (1): 223-245.

[206] Taylor S D. Does Audit Fee Homogeneity Exist? Premiums and Discounts Attributable to Individual Partners [J]. Auditing: A Journal of Practice & Theory, 2011, 30 (4): 249-272.

[207] Tie R. Concerns over Auditing Quality Complicate the Future of Accounting [J]. Journal of Accountancy, 1999, 188 (6): 14.

[208] Titman S, Trueman B. Information Quality and the Valuation of New Issues [J]. Journal of Accounting and Economics, 1986, 8 (2): 159-172.

[209] Tubbs R M. The Effect of Experience on the Auditor's Organization and Amount of Knowledge [J]. The Accounting Review, 1992 (1): 783-801.

[210] Wallace, W. A. The Economic Role of the Audit in Free and Regulated Markets: ALook Back and ALook Forward [J]. Research in Accounting Regulation, 2004 (17): 267-298.

[211] Wang Y, Yu L, Zhao Y. The Association between Audit-Partner Quality and Engagement Auality: Evidence from Financial Report Misstatements [J]. Auditing: A Journal of Practice & Theory, 2014, 34 (3): 81-111.

[212] Watkins A L, Hillison W, Morecroft S E. Audit Quality: A Synthesis of Theory and Empirical Evidence [J]. Journal of Accounting Literature, 2004 (23): 153.

[213] Watts R L, Zimmerman J L. Agency Problems, Auditing, and the Theory of the Firm: Some Evidence [J]. The Journal of Law and Economics, 1983, 26 (3): 613-633.

[214] Whitworth J D, Lambert T A. Office-level Characteristics of the Big 4 and Audit Report Timeliness [J]. Auditing: A Journal of Practice & Theory, 2014, 33 (3): 129-152.

[215] Willett C, Page M. A Survey of Time Budget Pressure and Irregular Auditing Practices Among Newly Qualified UK Chartered Accountants [J]. The British Accounting Review, 1996, 28 (2): 101-120.

[216] Wright A, Wright S. The Effect of Industry Experience on Hypothesis Generation and Audit Planning Decisions [J]. Behavioral Research in Accounting, 1997 (9): 273-294.

[217] Yan H, Xie S. How does Auditors' Work Stress Affect Audit Quality? Empirical Evidence from the Chinese Stock Market [J]. China Journal of Accounting Research, 2016, 9 (4): 305-319.

[218] Ye P, Carson E, Simnett R. Threats to Auditor Independence: The Impact of Relationship and Economic Bonds [J]. Auditing: A Journal of Practice & Theory, 2011, 30 (1): 121-148.

[219] Zerni M. Audit Partner Specialization and Audit Fees: Some Evidence from Sweden [J]. Contemporary Accounting Research, 2012, 29 (1): 312-340.